卒、19

SOTSUTEN

全国合同卒業設計展

JN055205

は　じ　め　に

卒、19代表　中里翔太

今年度も無事「卒、」を開催することができました。当団体が毎年行っております全国合同卒業設計展も回を重ねるごとに盛況となり、これもひとえに皆様のおかげと、心から御礼申し上げます。例年同様、今年度も数多くの大学からご出展いただきました。改めてこの度「卒、19」へ作品を出展していただいた皆様、誠にありがとうございます。

また、ゲストクリティークとしてご参加を快諾していただきました、一瀬健人様、野口理沙子様、大野力様、倉方俊輔様、大西麻貴様、種田元晴様、冨永美保様、西田司様、吉村靖孝様、この度はご多忙のところ、「卒、19」へご臨席いただき、誠にありがとうございました。皆様のご協力あってこそ、意義のある展示会として成り立っているのだと強く感じております。

そしてご来場の皆様、当展示会へ足をお運びいただき、誠にありがとうございます。さまざまなテーマの作品が並び、それらはさまざまな表情を見せてくれます。出展者がつくりあげた作品を肌で感じ取り、そして楽しんでいただけたら幸いに存じます。

開催にあたりましては、三栄建築設計様、大建設計様にご協賛いただき、隅田公園リバーサイドギャラリー様には会場の面でご協力いただきました。そして、特別協賛企業として総合資格様には、設計展の企画・運営を通して常に私たちを支えていただき、本作品集におきましても無償で出版を引き受けていただきました。ご協力いただきました企業様には、この場をお借りして深くお礼申し上げます。

今年度は、「卒、」が発足し、16年目となります。こうして長い間、毎年開催を続けられることは、出展者様、クリティークの先生方、協賛企業様、OB・OGの皆様、たくさんの方々のご支援あってこそだと感じております。この場をお借りし、スタッフ一同を代表して、改めて皆々様に心から御礼申し上げます。誠にありがとうございました。今後の「卒、」のさらなる発展を願い、謝辞とさせていただきます。

「卒、19 全国合同卒業設計展」への
協賛および作品集発行にあたって

総合資格学院 学院長　岸　隆司

　建築士をはじめとする、有資格者の育成を通して、建築・建設業界に貢献する──、それを企業理念として、私たち総合資格学院は創業以来、建築関係を中心とした資格スクールを運営してきました。そして、この事業を通じ、安心・安全な社会づくりに寄与していくことを当社の使命であると考え、有資格者をはじめとした建築にかかわる人々の育成に日々努めております。

　その一環として、建築に関係する仕事を目指している学生の方々が、夢をあきらめることなく、建築の世界に進むことができるよう、さまざまな支援を全国で行っております。卒業設計展への協賛やその作品集の発行、就職セミナーなどは代表的な例です。

　当社は長年「卒、」に協賛してまいりました。本設計展は、大学や企業、各種団体が主催する卒業設計展とは異なり、運営も応募も学生の自主性に任されており、協賛当初から若い独特の熱気と志を感じてきました。今年で16年目を迎えますが、開催期間の彼らの活動と作品の記録、そしてそのエネルギーを一冊にまとめ上げた作品集を今年も発行できたことを大変よろこばしく思います。

　「卒、」に参加された方々が本設計展を通し、新しい建築のあり方を構築され、さらに将来、家づくり、都市づくり、国づくりに貢献されることを期待しております。

Contents
目次

4

開 催 概 要

全国合同卒業設計展
「卒、」概要

「卒、」は「そつてん」と読みます。
実行委員は、関東を中心に全国から有志で集まった建築を学ぶ学生で構成されており、
建築学生の集大成とも言える卒業設計の発表の場を設け、
より多くの人に建築の素晴らしさや楽しさを伝えられよう1年かけて企画運営していきます。
大学・学年・地域を超えてさまざまな学生と意見を交わし刺激し合いながら
フラットな関係を目指しています。

「卒、19」コンセプト

轍（わだち）× プリズム ＝
学生生活の集大成である卒業設計は、自身の体験や価値観から生まれた、
人生の轍とも言えるでしょう。今年度の「卒、」は、
建築系の幅広いジャンルで活躍する方々を審査員に招き、講評会を行いました。
さまざまな意見が屈折して生まれる議論は、目には見えない波長を映し出すプリズムのように、
今まで言えなかった何かを映し出すことでしょう。
これらの轍とプリズムを掛け合わせたら何が生まれるのだろうか。
「卒、」を通じそれぞれの答えを見つけ出して欲しい。
そんな想いを込めて、今年度のコンセプトは決定しました。

「卒、19」実施概要

主催	「卒、19」実行委員会
日程	2019年2月21日（木）〜24日（日）10:00〜18:30
会場	隅田公園リバーサイドギャラリー
講評会Day1	2019年2月22日（金）9:30〜18:30
講評会Day2	2019年2月23日（土）9:30〜18:30
特別協賛	株式会社 総合資格
協賛	株式会社 三栄建築設計、株式会社 大建設計

出展校

青山製図専門学校、九州大学、京都工芸繊維大学、慶應義塾大学、
工学院大学、国士舘大学、昭和女子大学、信州大学、千葉大学、
東海大学、東京藝術大学、東京理科大学、日本女子大学、日本大学、
文化学園大学、法政大学、武蔵野大学、明治大学、早稲田大学

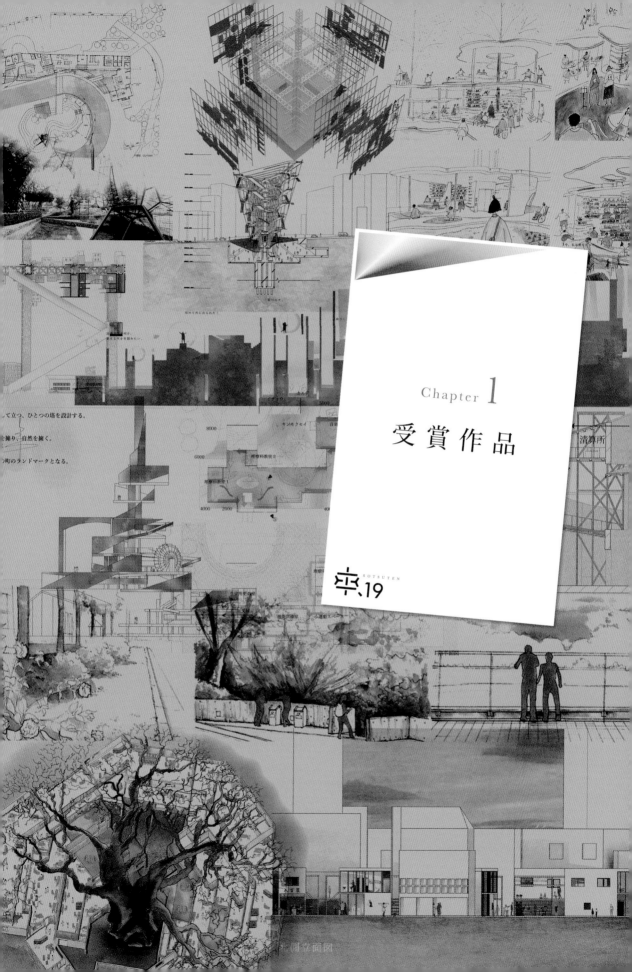

Chapter 1

受賞作品

卒、19
SOTSUTEN

町を擁り、自然を擁く。

[プログラム] 塔
[構想／制作] 2ヶ月／2週間
[計画敷地] 神奈川県横浜市港北区小机町小机小学校周辺
[制作費用] 40,000円
[　進　路　] 東京理科大学大学院

深田 奈瑞
Nami Fukada

東京理科大学
工学部 建築学科
栢木研究室

町の擁壁が連続して立つ、ひとつの塔を設計する。

町を擁り、自然を擁く。

塔は、この町のランドマークとなる。

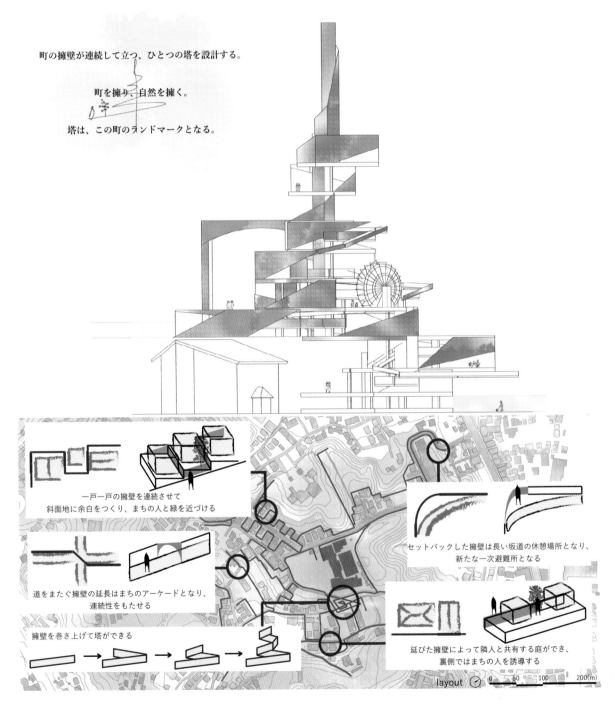

一戸一戸の擁壁を連続させて
斜面地に余白をつくり、まちの人と緑を近づける

道をまたぐ擁壁の延長はまちのアーケードとなり、
連続性をもたせる

擁壁を巻き上げて塔ができる

セットバックした擁壁は長い坂道の休憩場所となり、
新たな一次避難所となる

延びた擁壁によって隣人と共有する庭ができ、
裏側ではまちの人を誘導する

layout　0　50　100　200(m)

近年、異常気象が頻発し、時に都市や建築の予想レベルを遥かに超えて壊す。災害時の避難所が警戒区域に囲まれた地域の一つの解答例として、横浜市港北区小机町を対象敷地とし、土砂災害警戒区域に囲まれた避難所周辺の在り方を再考する。まちの擁壁が連続して立つ、ひとつの塔を提案する。防災のための擁壁を繋げることで、連続した擁壁と緑の風景をつくり、いざという時の避難所までの道筋となる。住戸や道の擁壁が連続して巻き上がった塔に視線を向けることで、住人は防災の意識を高めるだろう。塔とこの町の避難所である小学校の間に架かる水道橋には、晴れた日にプールに溜まった雨水がながれ、エネルギーを創り出し、災害時には、蓄電によってまちを照らす。町を擁り、自然を擁く。塔はこの町のランドマークとなる。

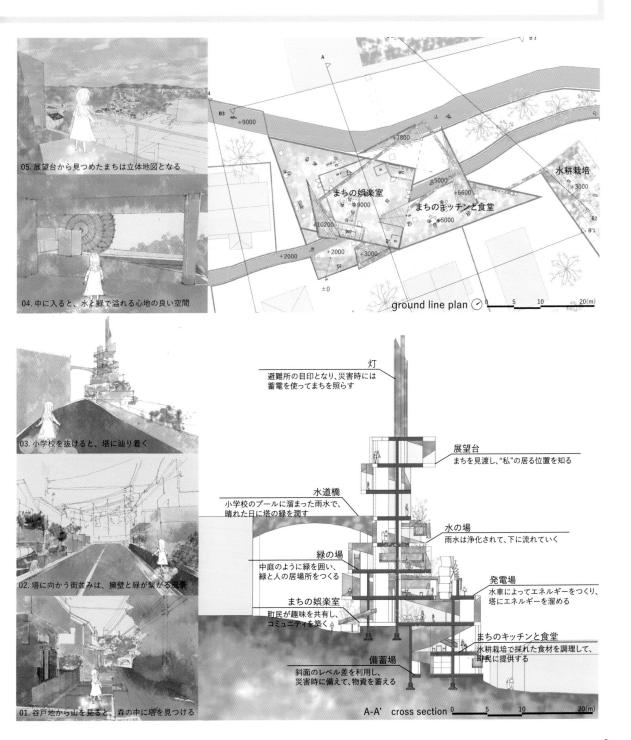

05. 展望台から見つめたまちは立体地図となる

04. 中に入ると、水と緑で溢れる心地の良い空間

まちの娯楽室
+9000

まちのキッチンと食堂
+5000

水耕栽培
+3000

ground line plan

03. 小学校を抜けると、塔に辿り着く

02. 塔に向かう街並みは、擁壁と緑が繋がる風景

01. 谷戸地から山を見ると、森の中に塔を見つける

灯
避難所の目印となり、災害時には
蓄電を使ってまちを照らす

展望台
まちを見渡し、"私"の居る位置を知る

水道橋
小学校のプールに溜まった雨水で、
晴れた日に塔の緑を潤す

水の場
雨水は浄化されて、下に流れていく

緑の場
中庭のように緑を囲い、
緑と人の居場所をつくる

発電場
水車によってエネルギーをつくり、
塔にエネルギーを溜める

まちの娯楽室
町民が趣味を共有し、
コミュニティを築く

まちのキッチンと食堂
水耕栽培で採れた食材を調理して、
町民に提供する

備蓄場
斜面のレベル差を利用し、
災害時に備えて、物資を蓄える

A-A' cross section

跨線的建築群

[プログラム] 商店、児童郵便局、物流拠点
[構想／制作] 4ヶ月／2ヶ月
[計画敷地] 広島県尾道市千光寺南側斜面地
[制作費用] 100,000円
[進路] 未定

牛尾 朋聖
Tomoki Ushio

東京理科大学
理工学部 建築学科
山名研究室

跨線的建築群

00. 斜面地の交通と尾道の道

神戸 - 斜行エレベーター

長崎 - 移送システム

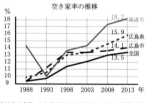

空き家率の推移

　斜面地の縦動線は全国で課題となっており、景観に対しどうしても粗末になってしまいがちである。また、インフラの整備が行き届いていない地域もあり、空き家問題に直結する今後、より考えられるべきことである。尾道は道幅が狭いことによる機材の搬入が難しく、木造が多いため更新の必要な建築が多く存在する。斜面地は車社会から切り離されており、生活するうえでの交通インフラも満足に得てないのが現状であり、本質的な問題を解決すべきである。

　斜面の標高を10000mmずつスライスした時、尾道の高さ方向への移動が短く、老人などの生活者にとって厳しい。逆に水平な方向に対しては繋がっており、インフラ的建築としての縦動線の必要性がうかがえる。

10. 全体計画：結節点の構築

Phase 1: 現状の交通網
現在、斜面地においてバイクや自転車（一部車）の可動領域と担保されている建築物

Phase 2: 可動領域の範囲を広げるための模索
現在の可動領域から結節点を1つ与えることで大きく拡充する動線の模索

Phase 3: 動線を結ぶ敷地の選定
Phase1とPhase2の動線を交通インフラとして結ぶための結節点になりうる敷地の選定を行った

Phase 4: 結節点を経て空き家・風景が変わる
Phase1の範囲が広がり、またPhase1に戻る。そして結節点になりうる建築が段階的に広がっていき風景を変える

11. 物流を基礎とした各建築の関係性

小学校終わりの生徒　　　　　　　　　　　　山の手の商品

B: 児童郵便局　　　　　　　　　　　　　　A: 擁壁商店

宅配サービス

C: 山の物流拠点

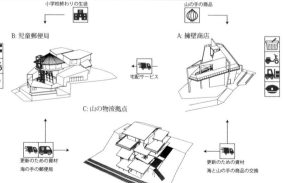

更新のための資材　　　　　　　　　　　　更新のための資材
海の手の郵便局　　　　　　　　　　　　海と山の手の商品の交換

海の手の物品

山が多い日本では斜面地の交通は重要な位置づけをなしている。斜行エレベーターなどのインフラの整備がいきとどいているところもあるが整備されていない場所もある。尾道もその例で、高齢化が進んでおり、また木造建築が多いことから建築の更新が必要であるが、道幅が狭いこと、更新にあたってのコストや平地への移住等、さまざまな要因があり空き家率は全国平均を上回っており、交通インフラ的な問題を抱えている。観光地化される中での階段は老人にとってつらいものがある。現状での階段で途切れてしまっている可動範囲に対し、縦動線を内包した公共建築を建築することで可動範囲を広げ、空き家の風景を変えていき、観光地としての尾道ではなく尾道としての尾道ならではの風景を残していくことが本設計の目的である。

20. 具体的提案

Site A 擁壁商店　標高 0 - 10 m

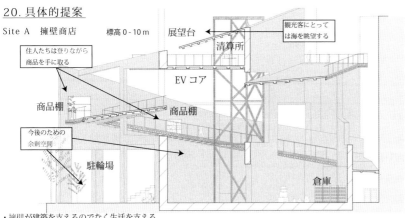

・擁壁が建築を支えるのでなく生活を支える
　メインの機能としては他の道に接道するためのスロープとなる。スロープをあがりながら途中おいてある商品を手に取り、展望台に位置しているレジで清算をする。サブ機能としては、倉庫及び、駐輪場になる。標高が一番高く擁壁のような土木的な建築を目指した。

Site B 児童郵便局　標高 20 - 30 m

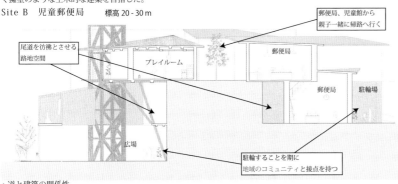

・道と建築の関係性
　小学校の隣に位置しており児童館と郵便局をメインの機能とした。屋根がスロープとなっている場所があり、道を通すことによってできる余剰が建物内部として高架下のような関係性となっている。

Site C 山の物流拠点　標高 40 - 50 m

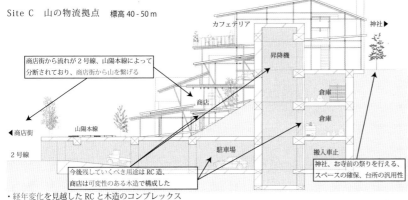

・経年変化を見越したRCと木造のコンプレックス
　RC造の機能は、倉庫及び、昇降機、駐輪場になる。今後の斜面地での建築での更新などを考えたときに必要な物流拠点は耐用年数の長いもの、商店や観光的な空間は可変性のある木造で構成している。また、経年変化を得ることで木造部分が利用者、管理者によって増築、減築、改築される。そのことによるファサードに変化を与える。

109*2.0
─所有から利用へ、床と壁の必要ない 21世紀の商業ビルの提案─

[プログラム] 商業施設
[構想／制作] 2ヶ月／3週間
[計画敷地] 東京都渋谷区道玄坂2丁目29-1
[制作費用] 60,000円
[進 路] 早稲田大学理工学術院

河野 茉莉子
Mariko Kawano
伊藤 日向子
Hinako Ito
永島 啓陽
Hiroaki Nagashima

早稲田大学 創造埋工学部 建築学科
吉村研究室
後藤研究室
田邉研究室

今回提案するのは定額で服を自由に利用できる次世代の109である。人々はここで好きな服を選び、その場で着替え渋谷の街に繰り出していく。そこはいわば服の図書館であり、渋谷の街が共有する巨大なクローゼットである。ここでは、色やサイズ、素材や形などによって、ブランドに囚われず服が並ぶ。これは世界中どこでも同じブランドが並ぶ商業空間に対するカウンター提案であり、また人々から流行を吸い上げる21世紀の商業空間の提案でもある。109*2.0は、ここにくる若者の動向をビッグデータとして採集し、収益につなげる。こうしてテナント料を生み出す「床」や広告料を生み出す「壁」から解放された109は、流行を生み出す若者たちのランウェイとして生まれ変わり、新しい渋谷のシンボルとなる。

私の地層
生きるために考えてきたこと

［プログラム］ —
［構想／制作］ 3ヶ月／3週間
［計画敷地］ —
［制作費用］ 50,000円
［ 進 路 ］ 牧場勤務

佐々木 萩乃
Hagino Sasaki

東京理科大学
工学部 建築学科
坂牛研究室

「私」の地層に目を向けることは、「私」の心がどのように建築されてきたのかを知るということ．

「私」の物語を描き続けるということ．

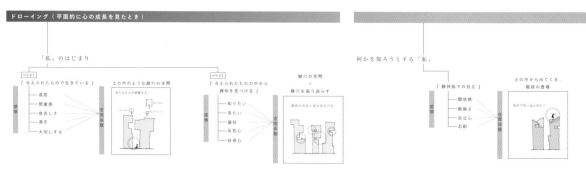

ドローイング（平面的に心の成長を見たとき）

自分自身の感情の変化を振り返り、生きた痕跡を辿り、私の心がどのように成長してきたのかを知りたいと思った。

目に見えず、また言葉として理解することが極めて難しい感情や心情の変遷を、一種の建築言語とみなすことで知ることができるのではないか。

空間体験を他者と共有することで会話し、自分をより深く知る行為によって、生き続ける楽しさに気付くことができた。

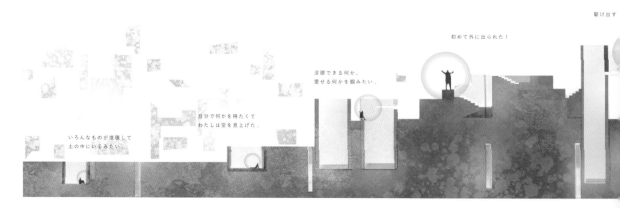

人間はさまざまな刺激を受け取り、心の形状を
変化させることで成長していく。本設計では、
人生の中で蓄積し変化していく感情、心が成長
していく様子を、建物が建築されていく過程に
見立てることで表現することを目的とする。
製作者本人である「私」自身をサンプルとし、
４段階の設計の流れを辿ることで、人間の感情
から建築空間を組み立てる。

設計の流れ
① ドローイングを用いた心の成長の可視化
② 各成長過程における感情の抽出
③ 感情に対応する空間体験を確認
④ 最後に断面から見ることで心の形状を知る
以上の設計の流れを追うことで、心は、変化を
以前の私の上に層状に重ねながら、地層のよう
な形状を形成していくことを知った。

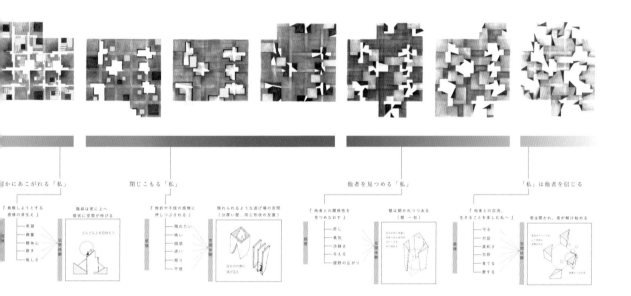

駿府の城

[プログラム] 城
[構想／制作] 6週間／3週間
[計画敷地] 静岡県静岡
[制作費用] 50,000円
[　進　路　] 東京理科大学大学院

落合　諒
Akira Ochiai

東京理科大学
理工学部 建築学科
岩岡研究室

これは城です
これは建築です
これは装飾です
これはハリボテです

静岡県の駿府城の跡地で象徴性の負荷と表層の
建築化を試み、復元と機能主義のオルタナティ
ブとして現代における城の提案。

■駿府の城 - 表層の論理 -
町の表象が新たな象徴として城の装飾になる

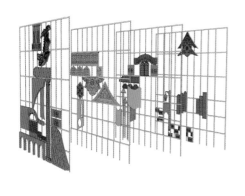

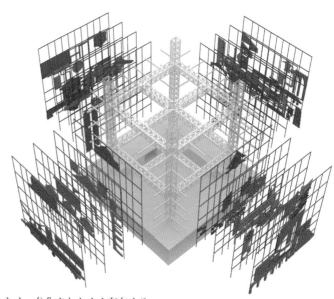

■駿府の城 - 架構の論理 -
異なる架構が個別の論理を持ったまま統合されることなく、分化されたまま存在する

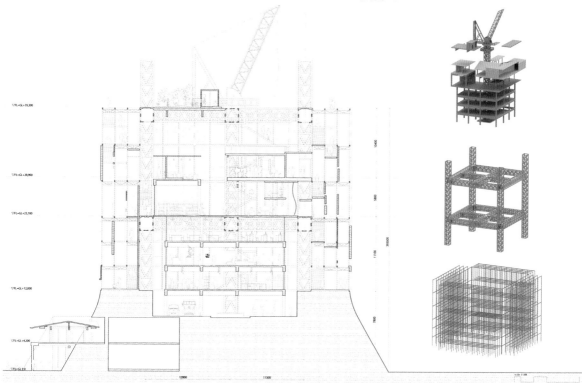

地を泳ぐように
半永久的な都市風景を求めて

[プログラム] 大学スポーツ施設
[構想／制作] 7週間／3週間
[計画敷地] 神奈川県横浜市港北区日吉
[制作費用] 50,000円
[進路] 東京藝術大学大学院

原　明里
Akari Hara

慶應義塾大学
理工学部
システムデザイン工学科
アルマザン研究室

Ⅰ．背景
－スプロールシティと谷戸

太平洋沿いに栄えた都市は、一極集中化にともない台地へと拡大した。東日本の太平洋沿いに広がる谷戸の地盤はしばしば切り盛りされ、東北大震災では市街地の地盤破壊が目立った。

地形の高低差が比較的小さい

仙台市の市街地における地盤破壊

地形は地域性を支える最も半永久的な資源ではなかろうか。比較的安定した地盤を持つ谷戸地形を保全するために、新たな特性を持たせて都市に組み込む必要があった。

Ⅱ．敷地
－横浜市港北区まむし谷

かつて里山として栄え、谷戸を持つこの地帯は、私鉄開通に伴って台地に学園都市が建設された際に取り残され、低地に暮らす住民の生活動線を分断していた。
都市再生緊急整備地域に指定され、今後再開発が行われる可能性がある。

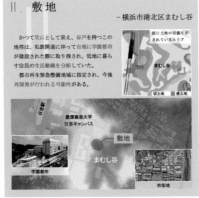

区に土地の切盛りがされているエリア

まむし谷

切土地　　盛土地

慶應義塾大学
日吉キャンパス

学園都市

敷地

まむし谷

市街地

Ⅲ．提案
－谷戸地形の都市への介入

1．地域に根ざした場を再定義する
豊かな里山から低地と台地の都市を結ぶ場所へと、谷戸の特性を再定義し、新たな都市空間として組み込む。

2．歩行者ネットワークを整備する

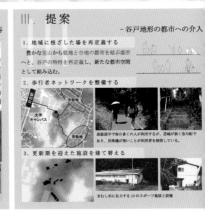

大学
キャンパス

市街地

通学通勤で毎日多くの人が利用するが、連絡が狭く急な坂であり、共用機が狭いことが利用者を制限している。

3．更新期を迎えた施設を建て替える

まむし谷に点在する10のスポーツ施設と設備

せわしない日常に、ふと個と対話したい瞬間がある。なんとなく集う瞬間もある。横浜市港北区では、都市のスプロールで取り残された豊かな谷戸に、更新期を迎えたスポーツ施設が乱立していた。

本設計では、施設の大ボリュームと地形によって生み出される空間を紡ぐことで、都市機能として定着するまでの特性を見出してゆく。

かつて里山として地域に根付いていた谷戸。日本の半永久的な資源が、新たな都市の風景として蘇る。

Ⅳ. 設 計 -借景と借形を紡ぐ

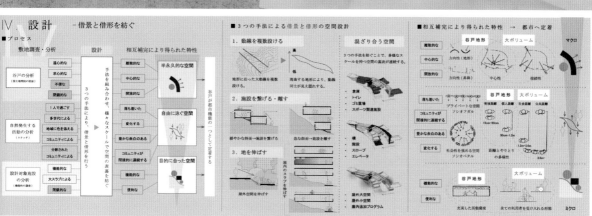

記憶の結晶:感覚∞異自然∞精神
コンピュータアルゴリズムを活用した相互共生コミュニティの提案

[プログラム] 桃源郷
[構想／制作] 40週間／5週間
[計画敷地] 岩手県一関市東山町松川字滝ノ沢
[制作費用] 70,000円
[　進　路　] 慶應義塾大学大学院

園田 哲郎
Tetsuro Sonoda

武蔵野大学
工学部
建築デザイン学科
風袋研究室

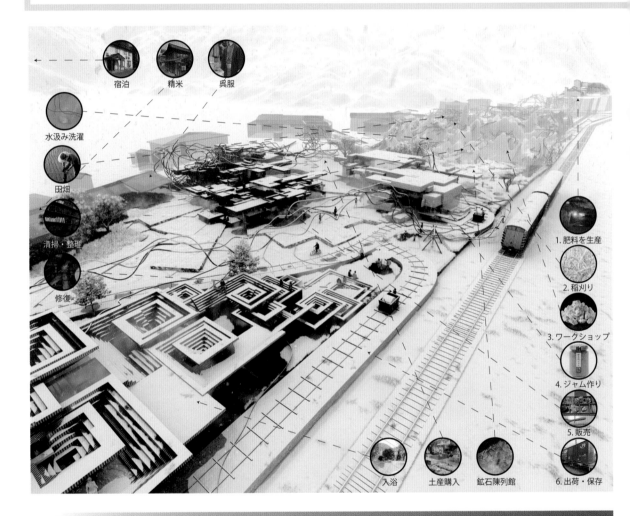

宿泊　精米　呉服
水汲み洗濯
田畑
清掃・整理
修復

1. 肥料を生産
2. 稲刈り
3. ワークショップ
4. ジャム作り
5. 販売
6. 出荷・保存

入浴　土産購入　鉱石陳列館

■コンピュータの中にある異自然

■結晶の生成

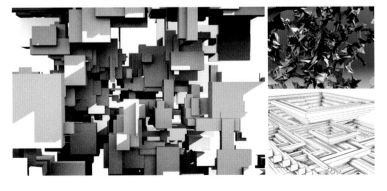

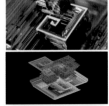

賢治の思い描いた自然は、「共生思想」（生物の種を超えて、人種を越えて、繋がっている。というもので完成された全体像とは異なる）つまり、その根底にある「摂理」。私は賢治の法華経の精神を元に、プログラミングによって、コンピュータの内に「異自然」をデザインし、設計に応用した。

プログラミングを用いて、賢治の作中に登場する自然の「摂理」を抽出し、コンピュータ内に新たな自然、「異自然」をデザインした。そして、賢治が現実にイーハトーブを築こうとした地に、それらを用いて桃源郷を計画した。

この地には消費社会から逃亡してきた人や利害社会に背を向ける人などが "ゲスト" として訪れる。彼らは生活するために "ホストである村人" と共に共同生活を営む。コミュニティは、ゲストによる労働提供の見返りとして、ホストが食事や住居、ポイントを提供するという、貨幣を前提としない里山資本主義的なシステムによって支えられており、随所に**献身的**に貢献できる場が数多く用意されている。

■6次産業（1次＋2次＋3次）の循環サイクルと建築デザイン

1.旧東北砕石工場：賢治がかつて、ここで開発した炭酸石灰の肥料を作る。2.プラント：金剛石の形からなるもので、室内栽培を行い農業を開発する。3.ギャラリー兼ワークショップスペース：鍾乳洞の成長過程からなる形態。賢治の歴史が貯蔵されているだけでなく、コミュニティの拠点として利用される。

4.加工場：蛍石の成長過程から創造した形態の一部で、農産物の加工を行う施設。5.飲食街：精進料理などこの地域で採れたものを販売する施設。9つの店舗が入りビヤガーデンが広がる。6.倉庫兼浴場：プラントや加工場で生産したものを、トロッコで搬出し、他地域に売り込む。

一本の樹木と、建築
都市に森を作る新たな建築文明の提案

石川 紗也佳
Sayaka Ishikawa

日本女子大学
家政学部 住居学科
宮研究室

［プログラム］複合施設（オフィス・住宅・福祉施設）※各年代で変化
［構想／制作］20週間／10週間
［計画敷地］東京都港区虎ノ門5丁目
［制作費用］170,000円
［　進　路　］日本女子大学大学院

1000 年後の営み

樹木の時間単位で人や建築の存在を考えることで、畏怖が留まる新たな建築文明の手法を提案する。

枝が貫入する室内で仕事をする

顔を洗った先に樹が見える

樹に触れることが当たりまえの生活

樹と共に生きる高齢者、高齢者住宅

樹木成長図鑑

樹木の成長を想定し、各年代の樹木に合わせて建築形状を変化させていく。

ケヤキ

05　30　　　1500

ソメイヨシノ

0 5　　　150

イロハモミジ

0 15　300

スギ

0 5　　　1000

樹木に対峙する時、そこには畏怖の念が生まれる。

樹木のある空間には魅力がある。その魅力の本質は、「畏怖」と「安心」という相反する要素が同時に存在することにある。

現在の都市は畏怖の要素が排除され、人にとって心地よい部分のみが強調された樹木であふれている。都市に存在する樹木は、本来の自然な姿をしているとは言えず、もはや"人工物"であると言えるだろう。

日々移り変わってゆく都市にこそ、1000年という長い時間その場に居続ける樹木と共に生きる建築形態を考えることで、畏怖が留まる新たな建築文明の手法を提案する。

時間軸比較

樹木は特有の時間軸を有しており、樹木・建築・人の三者が絡まる時間を模索するために三者の時間軸を作成した。

建築物の寿命はおよそ60年とされ、その単位でスクラップ＆ビルドが繰り返される。人は樹木が老いる前に1世代が終わり、樹木は伐採されなければ何世代もの人や建築の歴史を見ながらその場に留まり続ける。

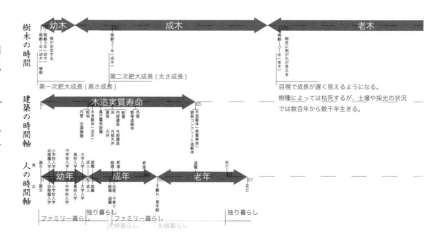

年代変化

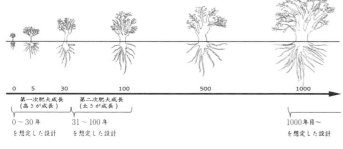

本制作では一例として日本に古くから自生するケヤキを第一植樹樹木として選定した。樹齢によって成長形態が変化するケヤキの時間単位に合わせて、0〜30年、31〜100年、1000年〜の3時期を取り出し、初年度に各時期の成長を想定した設計を行う。

人々の営みは、樹木の成長と共に樹木に沿うように変化していく。

1000年目には生と死が混在する樹木に沿うように、あらゆる年代に建てられた様々な劣化状態を保持する木造の様相を見せる。

以上のような、樹木と共に生きる建築設計手法が日本の新たな都市成長の方法として全国の都心部に普及していくことを望む。

反影都市

[プログラム] 住居・商店
[構想／制作] 3ヶ月／3週間
[計画敷地] 香港・旺角
[制作費用] 10,000円
[　進　路　] 東京理科大学大学院

山西 真季
Maki Yamanishi

東京理科大学
理工学部 建築学科
岩岡研究室

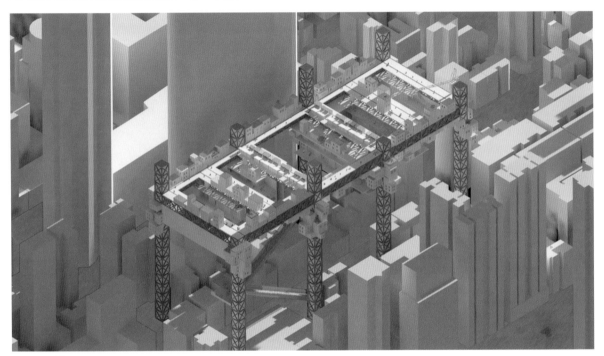

同じフロアの繰り返しによって生まれた代わり映えのしないファサードをはがす

むき出しの構造が既存の街と並立する

トラスには、下町と同じ機能が小さなユニットで立ち並び町を形成する

小さな建築単位で構成され、徐々に上下の両方向から増築して混ざり合い、やがて一体となって町を形成する。そこには他の国にはない香港らしい生活や文化が残り続けることが可能となる

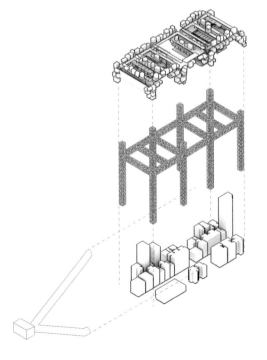

現在も人口増加を続ける香港では、敷地の無限反復を行うことで土地を最大限利用した住戸が確保できるとして、無個性な高層マンションが次々と建てられている。この垂直分裂によって人々は互いの存在を知ることがないまま孤立し、フロアごとの生活は均一なファサードの中に隠されてしまった。人口に対する住戸の提供は必要であるが、現在の高層マンションでは最低限の広さの部屋が積層するばかりで、建築的提案は感じられない。人々の生活感や賑わいの溢れる下町は高層ビルの影となり、失われつつある。そこで下町にスポットを当て、下町の延長としての新しい高層建築を提案する。空中都市のようなこの建築は、必要性に応じて増殖し、やがては今ある町と一体となって新たな都市を形成する。

トラス内部は、エレベーターコアと廊下を設け、人や物の移動動線を担う。エスカレーターは地上の町と空中の町を結び、断続的な人々の移動を可能とする。トラスに沿ってつられた壁に床をはり、住戸や商店が下町と同様に並ぶ。一世帯のユニットで住戸を形成しているため、必要に応じた増築が可能となり、さらに住民の個性が各住戸に現れ、街並みを形成する。

Section

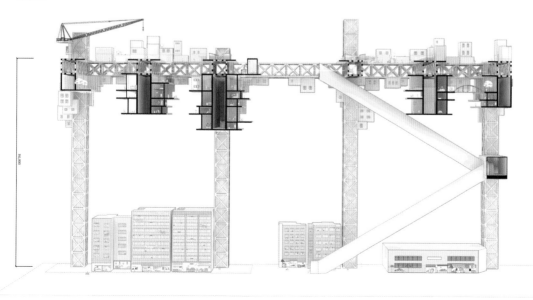

S=1:1500

溶けあう建築

[プログラム] 高齢者福祉施設、複合施設
[構想／制作] 3ヶ月／2ヶ月
[計画敷地] 山梨県北杜市小淵沢町
[制作費用] 50,000円
[　進路　] 京都工芸繊維大学大学院

糸井 梓
Azusa Itoi

信州大学
工学部 建築学科
羽藤研究室

生まれ育った地域を心から愛し、その場所の人々で支え合って生きていく。ささやかで、お年寄りも子どもも自然も動物も混ざって調和していくような『溶けあう』建築が増えることを目指す。

Survey

1年のイタリア留学を通して感じた空間体験より光を用いた建築空間を再考する

Site

山梨県小淵沢 八ヶ岳スケートセンター

標高1000mの山岳地域。

天然のスケートリンクを行えるほど小さな町には湧き水が湧き出し、自然環境豊かである。
山間部でも近年の過疎化により高齢者施設の施設の不足が問題となっている。
一方スケートセンターは今でも地域の子どもたちが利用する。

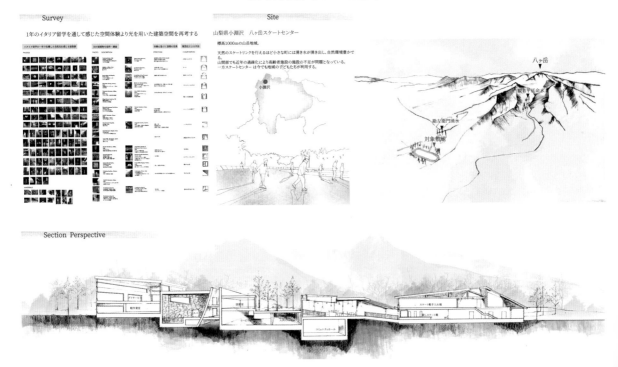

Section Perspective

過疎化・高齢化が進む山岳地域では今まで使われていた地域の施設が閉鎖され、一方で高齢者施設が必要とされている。今回の計画の対象敷地である八ヶ岳スケートセンターは天然のアイススケートリンクとして開設され、地域に愛されていたが、近年スポーツクラブの活動以外の利用が減り閉鎖が検討されている。屋外スケートリンクは地域の山々への景観や澄んだ空気や自然など地域の良さを持っており、スケートリンクに沿って新しく高齢者福祉施設を増改築することで地域に愛され続ける場所として蘇らせる。

イタリアで出会った光を感じる建築より、生まれ育った八ヶ岳麓において自然と溶けあう建築を再考する。

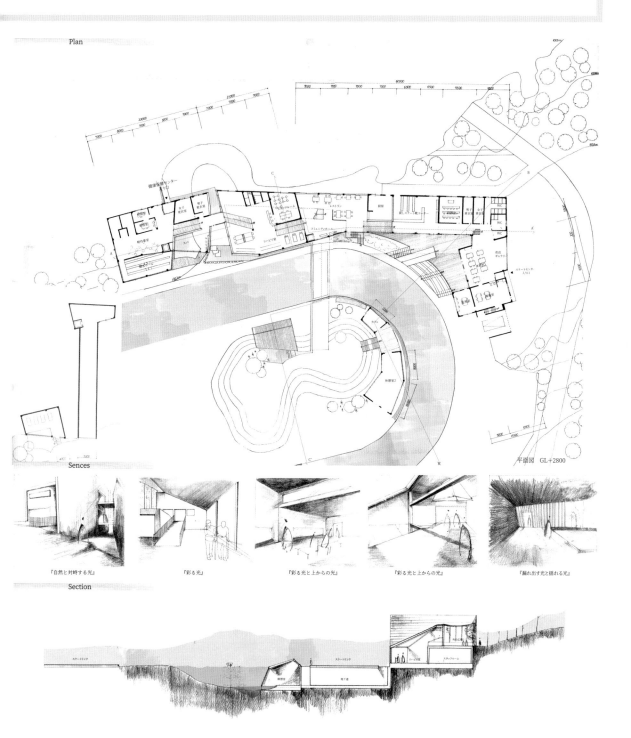

Plan

平面図 GL+2800

Sences

『自然と対峙する光』　　『彩る光』　　『彩る光と上からの光』　　『彩る光と上からの光』　　『漏れ出す光と揺れる光』

Section

見えない感覚で
視覚障害者の空間把握の視点から

坂田 晴香
Haruka Sakata

東京理科大学
理工学部 建築学科
坦野研究室

［プログラム］盲学校・公共施設
［構想／制作］12週間／2週間
［計画敷地］千葉県四街道市大日千葉県立千葉盲学校の一部
［制作費用］80,000円
［ 進 路 ］東京理科大学大学院

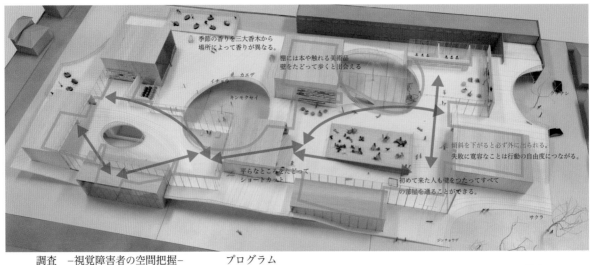

季節の香りを三大香木から
場所によって香りが異なる。

棚には本や触れる美術品
壁をたどって歩くと出会える

傾斜を下がると必ず外に出られる。
失敗に寛容なことは行動の自由度につながる。

平らなところをたどって
ショートカット

初めて来た人も壁をつたってすべて
の部屋を通ることができる。

調査 −視覚障害者の空間把握−

■視覚情報を言語から得る

言語

美術品 → 美術品の視覚情報を
晴眼者から教えてもらう → イメージ
本 → 文章を読む

■とらえる「部分」のスケールの違い

見える人
全体→部分

見えない人
部分→全体

傾斜の変化によってその先の地形を推測できる
部分　　　全体

プログラム

見えない人にとって、
美術品を見ることと
本を読むことは似ている

①言語化された視覚情報を
イメージする

②一つのものを
時間をかけて触る

ビルディングタイプの統合

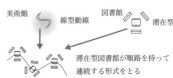

美術館　　　線型動線　　　図書館　　滞在型

滞在型図書館が順路を持って
連続する形式をとる

分析

■建築の構成要素が持つ役割を再定義する

1. 壁　・自分がいる場所を示す
　　　　・動線を示す
2. 傾斜　・自分がいる場所を示す
　　　　・方向を示す
3. 段差　・空間の端をつくる

ダイヤグラム

平衡感覚に訴える波打つスラブ

↓

壁が動線を示したり
空間を分けたりする

歩行のレベル別動線の選択性

歩行者がその空間に慣れているかどうかや歩行訓練のレベルに応じて動線を選択できる。

レベル1　線型空間把握（壁をつたう）　　　レベル2　線型空間把握＋平面の認識

レベル3　傾斜から方向性をつかむ

（傾斜のないところを進み、ショートカットする）（等高線に対して垂直に進んだり平行に進んだりする）

自分と異なる体を持った人は全く違ったように世界を捉えているかもしれない。視覚のない体で捉えた世界や建築はどうなっているのか。見えないことは足りていないのではなく、違うバランスで成り立っているという立場から、見えない人の生活を調査する。その結果から建築の構成要素の役割を再定義し、設計する。

盲学校は実家のすぐ近くにある。しかし生徒との関わりは一切なく、生徒は閉じた世界の中で幼稚園から高校まで過ごす。多様性を受け入れ、マイノリティが着目されつつある現代。盲学校のあり方はもっと開いたものとなるべきだ。違いを面白がって設計した建築で、見える人と見えない人は対等に互いの違いを面白がったアクティビティを行う。

平面図

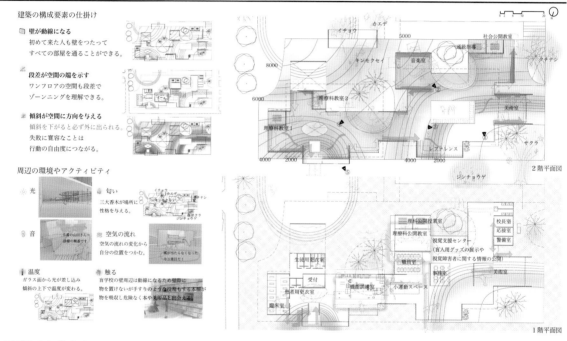

建築の構成要素の仕掛け

■ 壁が動線になる
初めて来た人も壁をつたって
すべての部屋を通ることができる。

■ 段差が空間の端を示す
ワンフロアの空間も段差で
ゾーンニングを理解できる。

■ 傾斜が空間に方向を与える
傾斜を下がると必ず外に出られる。
失敗に寛容なことは
行動の自由度につながる。

周辺の環境やアクティビティ

光

匂い
三大香木が場所に
性格を与える。

音

空気の流れ
空気の流れの変化から
自分の位置をつかむ。

温度
ガラス面から光が差し込み
傾斜の上下で温度が変わる。

触る
盲学校の壁周辺は動線になるため壁際に
物を置けないが手すりのような役割する本棚が
物を吸収し危険なく本や美術品と出会える

2階平面図

1階平面図

五感から知覚するシーン

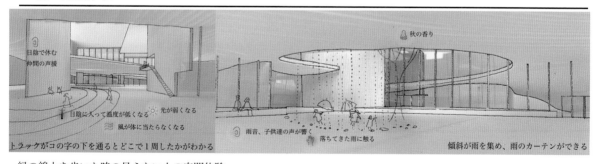

トラックがコの字の下を通るとどこで1周したかがわかる

傾斜が雨を集め、雨のカーテンができる

緑の線上を歩いた時の見えない人の空間体験

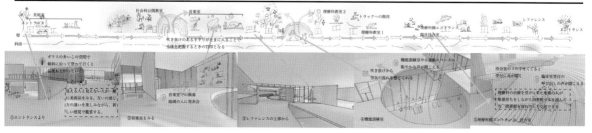

まちの縫代
地図にない道を生む建築の構え

［プログラム］商店・住居など
［構想／制作］6ヶ月／2週間
［計画敷地］東京都練馬区栄町「江古田市場通り商店会
［制作費用］40,000円
［　進　路　］法政大学大学院

阿部 夏実
Natsumi Abe

法政大学
デザイン工学部
建築学科
渡邉研究室

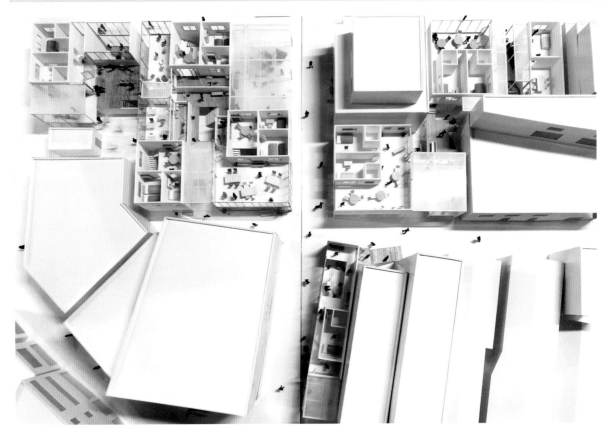

マーケットに存在していた"地図にない道"。

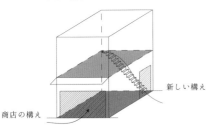

新しい構え

商店の構え

新たな構えを持つようになる商店

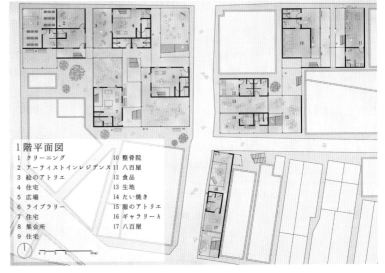

1階平面図
1 クリーニング
2 アーティストインレジデンス
3 絵のアトリエ
4 住宅
5 広場
6 ライブラリー
7 住宅
8 集会所
9 住宅
10 整骨院
11 八百屋
12 食品
13 生地
14 たい焼き
15 服のアトリエ
16 ギャラリーA
17 八百屋

江古田市場通り商店会は、その名の通りかつて一角にあった江古田市場というマーケットとともに賑わってきた。しかし、2014年に市場が閉場すると、その跡地は違和感のある住宅に建て替えられ、建物は老朽化し、空き店舗が増え、商店には人が住まなくなってしまった。通りにしか人やものが溢れ出さない商店街に対し、マーケットは四周に開かれていた。それを裏付けるように、建物内部や建物の隙間には「地図にない道」が存在していた。そこで、商店街の使われなくなった場所に大学生たちが暮らし、学びを実践する場所を提案する。このとき、建築は商店としての構えの他に新たな構えを持つようになる。この新たな構えは"縫代"となり、まちに開かれ、時に商店と学生を繋ぎ、「地図にない道」を生み出すのではないだろうか。

北側立面図

0 1 3 5 10(m)

2つのギャラリーを繋ぐ階段　　　　　T字路に面した広場　　　　　建物内部へと続く道

今を重ねて

徳野 友香
Yuka Tokuno

千葉大学
工学部 建築学科
中山研究室

［プログラム］休憩施設
［構想／制作］8週間／4週間
［計画敷地］東京都清瀬市梅園一丁目
［制作費用］40,000円
［　進　路　］千葉大学大学院

まちに寄り添い変化する居場所 　―提案―

まちのリビング
まちのひとがふらっと立ち寄り、くつろげる居場所
病院街とまちの人のくらしの隔たりを除き、まちの人が立ち寄れる場所をつくる

結核の記憶
結核療養所での暮らしの記憶継承
病院街形成のルーツとなった結核療養所の記憶を追体験により継承する

防災拠点
防災時に避難所の拠点となる
多数の避難所の中心、多摩北部給水所の隣という立地を生かして

人と人が出会い、同じ空間を共有することで、
小さな幸せが積み重なる「まちにできたリビング」のような居場所。

今を重ねて　―ふるまいとともに変化する居場所―

まちの人や、
学校帰りのこどもたち
松林の散策路がいつもよりまぶしく感じて気がつきます。

ここで過ごすまちのひとを
つつむように新しい屋ができます
まちのひとたちは
出会いを、会話を、
重ねていきます。

外にもとどまれるように、
新しい層がつくられます。

新しい層は、
そんなこどもたちのための
遊び場となります。

小さい菜園をつくってみたり、
散策路の西側の広場でも
まちの人の活動が行われていきます。

西の広場からはこどもたちの楽しそうな声、

一つの層と水場

西に層が増える

北に3mの層ができる

東の広場に層ができる

南に層ができる

多摩北部給水所
特別養護老人ホームの建設

水場が使われるようになってきたころ、
しずかな居場所ができます。

南に内部空間ができる
＜キヨキセ＞

トイレができる

にぎわってきた散策路。
学校が終わると、こどもたちが走ってきます。

松林の散策路は、
ナしずつまちのひとが
ひと時を過ごす場所になってきました。

色んな人が使ってくれるようになってきて、
居場所も増えていきます。

北に4mの層ができる
北に5mの層ができる

かつて13の結核療養所が集中し、5千人を超える結核患者が療養していたこの地は、現在その名残でアカマツの雑木林に覆われた病院街となっている。まちの暮らしと隔てられてしまったこの場所に、まちの人のよりどころとなるような空間を提案する。

積層する曲線が生み出す空間の偏りは、訪れる人それぞれの特別な居場所をつくる。また、清瀬病院の体験記から抽出したシーンを自然となぞらえるように設計し、追体験による記憶の継承を行う。

この建築は、まちに寄り添い、今あるまちの良さを脅かさないために設備は最低限。訪れた人が持ち寄ったものや、周辺施設の機能で補われながら、たくさんの今を重ねていく。

マツノヤマ　にぎやかなリビング

タケノオカ　活動のリビング

キヨキセ　静かなリビング

ウメノソノ　アイデアのリビング

Chapter 2
最終審査ダイジェスト

毎年、建築に関する多様なジャンルでの活躍者を招いて講評会を行う「卒、」。
2日間にわたる公開審査では、18名の出展者と総勢9名のゲストクリティークから
多種多様な意見が飛び交った。今年度のテーマは「轍 × プリズム ＝」。
自身の体験や価値観から生まれた卒業設計を轍とし、
さまざまな意見が生まれる議論は目には見えない波長を映し出すプリズムのように、
今まで見えなかった何かを映し出すことだろう。轍とプリズムが掛け合わされる最終審査で、
これまで見つからなかった新たな答えが見つかるかもしれない。

Day 1

[1日目：ゲストクリティーク]

一瀬健人	野口理沙子	大野 力	倉方俊輔
Taketo Ichise	*Risako Noguchi*	*Chikara Ohno*	*Shunsuke Kurakata*
（イスナデザイン）	（イスナデザイン）	（sinato）	（建築史家・大阪市立大学准教授）

［ 2 日目 ： ゲストクリティーク ］

大西麻貴
Maki Onishi
（大西麻貴＋百田有希／o+h）

種田元晴
Motoharu Taneda
（種田建築研究所）

冨永美保
Miho Tominaga
（tomito architecture）

西田 司
Osamu Nishida
（オンデザインパートナーズ）

吉村靖孝
Yasutaka Yoshimura
（吉村靖孝建築設計事務所）

Day2

$\mathcal{D}ay\,1$

Day-1　最終審査ダイジェスト

公開審査に選ばれた11名によるプレゼンテーションと質疑応答が終わり、
最終審査に進む3名が発表された。卒業設計だからこそ考えるべきこと、できることを軸に、
最優秀賞にふさわしい作品を決めるための審査が始まる。

司会 最終審査に進む作品を発表いたします。24番牛尾さん、36番佐々木さん、41番深田さんの3名となります。

ファイナリスト選抜投票〈各審査員3票を投票〉

17番「反影都市」山西真季	（野口、**1票**）
22番「駿府の城」落合 諒	―
24番「跨線的建築群」牛尾朋聖	（一瀬・大野・倉方、**計3票**）
33番「見えない感覚で」坂田晴香	―
36番「私の地層」佐々木萩乃	（一瀬・野口、**計2票**）
41番「町を擁り、自然を擁く。」深田奈瑞	（一瀬・野口・大野・倉方、**計4票**）
45番「小さな沈黙、繕く支度」西條杏美	（倉方、**1票**）
51番「記憶の結晶：感覚∞異自然∞精神」園田哲郎	―
54番「崩成する領域」大野 竜	―
59番「地を泳ぐように」原 明里	（大野、**1票**）
74番「レンガ巡るまち」秋山由季	―

36番 佐々木萩乃 × ディスカッション

野口 話を聞いても、模型とドローイング、リリーフの表現の違いがよくわからなかったです。でも、模型であの塔が1つしか建っていなかったら、失礼ですが、それほど惹かれなかったと思います。塔があのように群れていることに意味があるように感じたので、何故あのような模型にしたのかが気になりました。個人的には、1つの塔であるよりも、今のようにたくさん建っているのが良いと思いました。

大野 最初のポスターセッションでは本当にわからなかったのですが、その後のプレゼンテーションで、自分の心の成長過程というのを無理やり空間に変換し、それを地層のように積み重ね、全体性を獲得しているというプロセスが見て取れたので、そこに共感しました。つまり、すごく私的な感覚を無理やりに空間に定義づけるというか、この気持ちをこのような空間とするというのが、ポエティックに聞こえるけれど

すごく力強く感じられて、それで出来上がった形態は確かに魅力的だと思いました。ただ、形態の面白さはある一方で、これがどのように他者や世界に開かれていくのかがよくわからなかったです。空間実験として、このような気持ちはこのような空間タイプだと設定して、それを積み上げた結果、私という人間はこのような建築になる。そして、Aという人はこのような形、Bという人はこのような形になるというのは、実験としては面白いのですが、これがどういう広がりを持つのかが、少し引っ掛かりました。他者や世界に開かれたような考えや視点などはありますか？

佐々木 実際の建築作品として応用していく可能性ということですか？ 感情から建築をつくれるようになれば、似たような空間性が単純な操作で出来上がるのではないかと思っています。それができたら面白いなと思っています。

倉方 この作品は今までの設計課題と全く違うものをやっているのか、それとも、ある意味で同じようなことをしているのですか？ 同じといっても全く同じわけではなく、形が同じ、もしくはプロセスなどが同じということも含めて聞きたいです。

佐々木 普段の課題では、建築として成り立たせようという

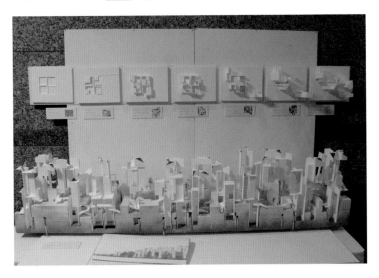

「私の地層」（佐々木萩乃）模型

気持ちがすごく強いので、図面はきちんと引きますし、ドローイングだけでこのように展示することもありません。ただ、そういう評価のために行う課題に私はつまらなさを感じ、卒業制作では自分のやりたいことを目一杯やりたいと思い、自分のドローイングをしっかり使うこととか、自分の感じてきたことを空間化することといったこと、学校の課題ではやらせてもらえないようなことを卒業制作でやるべきだと感じて、このような作品になりました。

一瀬 僕は佐々木さんを結構推しているのですが、必ずしも卒業設計の対象を他者に求める必要はないのではないかと思います。皆のための建築は批判をされませんが、僕は惹かれません。あまり建築と向き合えていないと思います。僕からの質問で「この作品の対象は誰ですか？」と聞いた際に、佐々木さんが「私です」と言い切ったのが僕には好印象でした。

佐々木 今でもその気持ちは変わりませんし、自分のことを表すために始めた制作でしたので、私が他者と繋がる可能性を感じていると言ったのは、自分の心の中というのは普段はあまり見えず、他者からは絶対見えないけれど、他者をよく知ろうとして自分を開こうとした時に、他者を受け入れるスペースを心の中に私がつくりだしていく、その他者を知った時に、私が他者と空間と感覚を共有して外に開かれていくという意味で、他者と繋がる可能性が「私の地層」の中にも含まれているという話です。

倉方 私も基本的に佐々木さんの姿勢は卒業設計にふさわしいと思っているので、それはすごく評価をしています。卒業設計は大学のカリキュラムに含まれているのにカリキュラムに含まれていないことをする、そこが卒業設計の面白さだと思います。何故これすら教えない、建築とはそのようなものではないといった不平不満のはけ口が卒業設計なわけであり、それは伊東忠太や安井建築設計事務所をつくった安井武雄も言っていました。安井武雄は学校では学んでいない木造住宅を卒業設計でつくっています。明治時代の東京大学から、卒業設計はカリキュラムで学んでいないことをやっていたのです。そういう意味で、学校の課題と同じ気持ちで卒業設計をつくるのは意味がないと思います。その点で、佐々木さんの作品は王道の卒業設計だと思います。ただ、説明がプロセスの話ばかりだったのですが、プロセスの話よりも、出来たものが何に展開する可能性があり、ど

こを見て欲しくて、あるいは、どのような言葉に説明できるかを語って欲しかった。

佐々木 私がつくったものを他者に見られる形、自分の心の中にあるものを言葉に形に変換していくという操作を経ることで、計画時点から、私の子どもとして生まれてくるという気持ちは抱いていました。なので、この作品が可愛いですし、大好きですし、つくって良かったと感じていますが……。

倉方 「空間」という言葉で話しているけれど、つくったものは本当に空間なのだろうか、それは空間ではなく造形ではないでしょうか。塔というのはよくある話で、これが群としてこの風景をつくりだしたところに新しさを感じるのであり、佐々木さんが話している内容以上の魅力を秘めています。自分の心象風景を建築で表現するというだけなら、ありがちな内容です。ただ、出来上がった形がありそうでない形だと思うんです。そこに対して何か発見したというか、言葉を補ってあげると我々の評価の幅も広がるのではないかと思います。

一瀬 まさにその通りです。僕が一番聞きたかったのは、「私の建築観が変わりました」とか「都市を見る目が大きく変わりました」とか、そういう発見をお聞きしたかったです。

佐々木 そういう発見はあまりありませんでした。建築観は変わりませんでした。

24番 **牛尾朋聖** × ディスカッション

野口 大多数の作品は何かしらの類型に当てはめられそうですが、牛尾さんの作品は見たこともないような形で、擁壁のようにも見えますが、どのようにスタディを行ったのか知りたいです。

牛尾 基本的にスタディは自分が良いと思える状態のプロポーションを試行錯誤しました。建築で道をつくりたかったので、動線が大切だろうと思い、次に動線計画を行いました。

大野 たしか動線付きのパネルを3箇所つくったんですよ

ね。面的なそのパネルによってバイクの可動域が増えると
か、面的な広がりができるというのはわかりましたが、3つ
のうちのどれか1つ、もしくは3つすべてでもいいですが、
建築自体の1番の魅力をプレゼンするとなると、どのような
話を聞けますか？

【牛尾】 3つとも同じにすると、3つもつくる意味がないと
言われると思ったので、それぞれの魅力を散りばめつつ設
計したのですが、一番手前にあるのは土木的につくってし
まったので、それが尾道に合うか合わないかが学校でも議
論されましたが、尾道に新しくそこに残る形になって欲しい
と思って設計しました。中央のものは子どもが使うのでわく
わくするものにしたいと思ってつくりました。3つ目のもの
は、昨年の夏に投入堂に行った際にすごく良いと思ったの
でそれを取り入れました。

【倉方】 設計に時間をかけたのは屋根や柱などからわかりま
した。1つ1つの形は違いながらもそれぞれの道行きをサ
ポートするようなものとしてバラエティに富んでおり、バラ
エティに富んでいるが一貫しているというのはわかります。
そのエリアの周りとその在り方がどのように呼応していく
か。エリア全体を新しくするわけではなく、動き方とか在り
方を変えていくという目的でつくっていると思いますが、そ
れがシートと模型からは見えてきません。どのようにそれぞ
れが感応して変えていき、変えたものがどのようにリンクし
て、エリア全体が変わるのかが見えづらいです。だから、1
つ1つを言葉で説明するのが難しいとは思いますが、全体的
なことを説明して欲しい。

【牛尾】 表現しきれていないのは自分でもわかっています。
表現しきれていない伝えたい箇所というのは、一番手前の

ものでいうと、周りに野菜が採れる畑があることで空き家が
畑へ変わるように、空き家が周りに関連した建築物に変わっ
ていくのではないかと思い、空き家の風景を変えていきたい
と思って結節点のようなものをつくりました。

【倉方】 たぶん歩くことの体験の質のようなものがそれぞれ
の建物の中に内包されていて、ただ短い距
離を繋いでいるのではなく、そこを歩くこ
とで新しい風景が見えてくるような、歩行
の質がきちんと設計されているように感じ
られます。それで、周りの道や今つくった
ものの歩行の質がどのように影響して繋が
り合って、このエリア全体の歩行体験、あ
るいは、今まで触れていなかった要素に
触れるとか、そういうのも含めてどう変え
ていくかが一番のキーポイントだと思いま

「跨線的建築群」（牛尾朋聖）模型

いった話は成立しづらいかもしれません。

一瀬 道路でもつくったらいいんじゃないかというのが僕の正直な感想です。インフラまで言及していたら、なんとなく尾道全体を射程として捉えて設計しているという印象になったと思います。

野口 提案の前と後でどう変わったかを図でつくられていましたが、模型でも、面として盛り上がっている様子が見られるようにつくってくれたらすごく良かったと思います。

41番 **深田奈瑞** × ディスカッション

野口 1つのシンボルの塔としてあるのも良いと思ったのですが、地域にどんどん広がっていき、最終的に地域のアイコンとなるのが良いと思いました。塔のような小さな操作や、擁壁自体もそれほど大きなものではないにも関わらず、まち全体を包んでいるような、おおらかな在り方が良かったです。

倉方 今まで地域の中にバラバラに存在していた、それほどたいしたことのない要素である斜面や擁壁、樹、水の流れといったものを編み込んでアイデンティティを紡いでいるというのが、手つきとして的を射ていました。それが造形を一目見ただけでわかり、さまざまな意識的な操作を加えているにも関わらず、無理に見えないように足したり引いたりしていることも伝わってきました。最初にいろいろな角度からダイアグラムで表現しているのは、とても良かったと思います。小さな座標を使うことがこのエリアの自然な座標軸に編み込むのにうまく帰結しており、それは深田さんの美的センスによって成り立っていると思います。だから、その点に最大限の賛辞を贈りたいです。素地としてはあるけれど可能性としては何万個もある中、そこからこの形を選び取ったことにより、理屈も含んだ編み込みを最後に昇華しています。説明の際に彼女が「作品の美しさを考えた」というのを堂々と2回くらい言いましたが、今のご時世なかなか言える人はいなくて、しかも大仰ではなく、サラッと話したのも良かったです。深田さんの人としての姿勢がこの作品にすごく反映されていて見事でした。

す。なんとなくそれが見えて来ない。尾道が持っている、歩行した時の潜在的な質の良さなどをサポートする装置としてこれは存在し、エリア全体が良くなっていくというイメージを私は持っています。そのあたりをもう少し意識化されているとさらに良かったと思います。

一瀬 僕もほぼ同じ意見ですが、プレゼンを聞いていると仕掛けが少し脚色し過ぎというか、敷地内で完結していることを行っているような気がしました。もう少し敷地の外に広がっていくよう、もう少し抽象化して「斜面と建築」というような大きいテーマに広げていくことができるのではないかと僕は思っています。それで、感想にはなりますが、少し飛躍し過ぎているところが気になりました。1つ1つの建物が魅力的なのは間違いないです。

倉方 説明の仕方がまだ従来の建物的で、まだ敷地内の話をしているんですよ。でもこれは、「跨線的建築群」という作品タイトルのように「跨線的」であり「群」であるため、従来のように、これが敷地でこれが人工物でこれが既存物と分けられるものをつくっているのではないので、3つの敷地と

「町を擁り、自然を擁く。」(深田奈瑞) 模型

大野 今日聞いた中では僕も一番わかりやすいダイアグラムでした。ダイアグラムからどのように形にしていったかが、一番スムーズに頭に入りました。しかも、そこに溺れるわけでなく、ある程度の主観も入れつつ、どのラインを選択していくか、どういう形状をつくるかの手段としてダイアグラムがあり、自分の意識の中で、ある程度判断を繰り返しながら形をつくっているように感じられたのですごく良いと思いました。それと、最初から最後までうまく筋が通っていると思いました。敷地の選定や敷地の読み解きから始まり、軸線に対してグリッドを与えて、一回ダイアグラムをつくったうえで、ラインを取って形をつくる。その場所にタワーをつくるわけですが、タワー単体というよりは、周囲の地形の結果として足元に広がっていくような全体性も見えるので、すごくバランスも良いし、聞きやすかったというのはあります。あと聞きたいのは、ダイアグラムをつくって擁壁の形を整えていく時に、どのようにスタイルを決めたのか。例えば立面に表れてくる斜めのラインなど、いろいろ判断すべき時にどのようなスタディを積み重ね、どのように形を決めたのかが知りたいです。

深田 立面に関しては、単純にダイアグラム的に擁壁を巻いていき、どんどん高さを持ち上げました。ただ、やはり建築は人が見た時にきれいであって欲しいと思っているので、48mの塔をつくった後に、どの角度から見てもきれいな傾きを成り立たせるのは絶対できないと思ったので、視点を絞ることにしました。そこから見た時にきれいであれば良いと思うので、4つの視点において傾きを統一しました。

一瀬 僕もほぼ同じ感想です。軸線が軸線らしくないとか、軸線が消えてしまっているとか、擁壁や植栽などいろいろな要素を挙げていたのに、それらの要素がまんべんなく突出せず揃っているように感じられ、すごく上手だと思いました。たぶん造形のセンスがすごく良いと思うんです。それにも関わらず、葛藤しながら山ほどスタディしたのだろうと思いながら見ていたのですが、そのあたりをプレゼンではあまり触れなかったので、個人的にはかなりもったいないと思いました。造形力は疑いようもなく高く、建築として応える力もあるのがわかります。ただ、問いの立て方が少し弱いかなというのが僕の印象です。

この卒業設計を考えるうえで、美しいものをどうつくるかといった、自分の中での問いのようなものは立てましたか?

深田 普段の設計課題の時から、地形や場所性、周りの地域などをすごく意識していて、卒業設計の場所は、自分の思い入れのある場所にしたいとずっと思っていました。敷地の背景などに記載していないのですが、私がずっと通っていた小学校も含まれています。小学生の時に壁に見えていたものなど、今は自然災害などが増えたことでいろいろな対策を行っていますが、それらを解決するだけでなく、自分がマイナスだと思っていたものをプラスに変えられたらと思って、この提案をしました。

倉方 それでは、最初に擁壁という存在をなんとかしたいということから始まったのですか?

深田 そうです。

一瀬 原風景というわけではないですが、心の中のどこかに擁壁がぼんやりと残っていたということですね。

野口 感想になってしまいますが、とてもよくできた設計

だなと思いました。その中でも2つ良いなと思ったのが、1つ目は先ほども皆さんがおっしゃっていましたが、街全体に広がっていることで、小さなアイコン的な塔でありながら、街全体に広がっているのがとても良いです。2つ目は、巻き付いていくという図式の中に、水車や水路がうまく配置されていてすごく上手だと思いました。これは学校のプールがあったから水を引き込もうと思って水車や水路ができたのか、それとも、この2つがあると見た目のバランスが良くなると思ってつくったのですか？

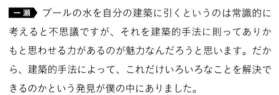

【深田】 最初に小学校のプールから考えました。プールに溜まった雨水は災害用水として使われるのは知っていたので、そこから、この場所は傾斜地だから土砂を守るために緑が遠くなっており、この塔に緑を入れるのにはこの雨水で潤してあげたらいいのではないかと思ったのが始まりです。

【一瀬】 プールの水を自分の建築に引くというのは常識的に考えると不思議ですが、それを建築的手法に則ってありかもと思わせる力があるのが魅力なんだろうと思います。だから、建築的手法によって、これだけいろいろなことを解決できるのかという発見が僕の中にありました。

【倉方】 プレゼンを聞いていても、最初の土地の観察とか用途、必要なものなどから論理が一貫しており、この形になっていて、それは先ほど私が言った、論理はどうでもいいという話と矛盾していますし、深田さんの評価を聞いた会場の皆さんの中に「結局、卒業設計は造形が評価される」と不貞腐れる人もいるかもしれません。ただ、卒業設計は卒業論文と一緒で、どれだけ努力したかが重要なのではなく、最終的に新規のデータを発見したか、資料的にどのような事実を生み出したかといったことが重要でしょう。その点が卒業設計も一緒だと私は思っており、やったことから説明されても退屈で、最後の発見から元を辿っていくと、どんどん土地のこととかに帰着すると、一本筋が通っているように思うんです。最後の結論に結びつかない話や、造形に結びつかない結論などを話されても、それでダイアグラムが魅力的な形になったわけではないんですね。最後にそれらを統合されていた時に、一貫しているし、最後の形だけでも説得力があるんです。矛盾しているように思えますが、良い論文は最後の結論だけ聞いてもよくわかるんです。それが文字ではなくデザインするということが違うだけで、卒業論文も卒業設計も同じだと思いますし、先生から言われたからやるものではないところも本来的には一緒ですね。少し教

育的なことを言いましたが（笑）、議論を深めていきたいと思います。

【大野】 それでは、さらに細かいことを聞きたいと思います。形がよくできているというのは審査員一同で一致していますが、もう少し具体的なスケールや機能を聞きたいです。例えば階高がどれくらいの設定だとか、スラブがいくつか積層されていますが、プレートの寸法とかその使い方とか、具体的な数値とともに教えてください。

【深田】 この塔は2つの道を跨って建っていますが、2つの道のレベル差は9mほどあります。一番低いところの位置から階段を2m上っていくと、奥の畑を用いた食堂とキッチンがあり、その上の道からまっすぐ繋ぐように地域の人たちの娯楽室があり、その間をだいたい4mほどの広めの階高に設定しており、その上に積まれていく階高は3.6mで天井高が3.1mです。

【大野】 プレゼンの時にはあまり聞けなかったけれど、結構いろいろなプログラムがあるのですね。何が入っているかもう一度お願いします。

【深田】 一番下に畑がもともとあったのですが、そこに水耕栽培をつくっています。というのも、塔につくっている緑が流れ終わった後の行き場に、食料の備蓄と災害時用に設けています。普段から街の人が集まってキッチンを開いたり食堂で食べたりする場所を2階に設け、3階には小学生と一緒にお年寄りが通学するような感覚で街の人が集まるような娯楽室をつくっています。その上に階層を重ねて、一番上に展望台があります。

【大野】 室内空間がいくつかありますが、全部外だと思っていました。

【深田】 いえ、閉ざされている部分もあります。

―――　―――　―――

最優秀賞の決定

最終投票

24番 「跨線的建築群」牛尾朋聖	―
36番 「私の地層」佐々木萩乃	―
41番 「町を擁り、自然を擁く。」深田奈瑞 （一瀬・野口・大野・倉方、計4票）	

【司会】 それでは、最優秀賞は41番の深田さんに決まりました。おめでとうございます。

11名のうち半数以上が1日目の公開審査のメンバーとは異なったこともあり、
公開審査は静かな興奮に包まれながら始まった。オリジナリティあふれる造形や提案など、
多種多様な作品に対して審査員からそれぞれの評価軸に基づいたさまざまな意見が飛び交う。

司会 最終審査に進む3名を決める予定でしたが、2票入った6作品について議論を交わし、最優秀作品を選びます。

ファイナリスト選抜投票（各審査員3票を投票）

5番	「"あたりまえ"の風景」小山佳織	（種田・冨永、計2票）
17番	「反影都市」山西真季	（種田、1票）
24番	「跨線的建築群」牛尾朋聖	（冨永・西田、計2票）
33番	「見えない感覚で」坂田晴香	（西田・吉村、計2票）
36番	「私の地層」佐々木萩乃	（冨永・吉村、計2票）
39番	「水を彩る」比佐彩美	―
62番	「まちの縫代」阿部夏実	（大西、1票）
65番	「一本の樹木と、建築」石川紗也佳	（大西、1票）
66番	「109*2.0」 河野茉莉子・伊藤日向子・永島啓陽	（種田・吉村、計2票）
68番	「RECLAIMEDLAND⇌SHIP」 田原花帆	―
73番	「溶けあう建築」糸井 梓	（大西・西田、計2票）

5番 小山佳織 × ディスカッション

種田 リノベーション的なものは、どちらかというと表現として大人しくなりがちなところがあるかと思いますが、かといって、自分の内面から出てくるものだと客観的にはよくわからないことがあります。その点で、その間を上手く攻めた5番 "あたりまえ"の風景は面白く、なおかつバランスも良いと思います。説明も上手で、全体的なバランスもよく出来ていると思ったので、投票しました。

冨永 平面的に見ると二面性があって、立体的に見ると三面的というような、どこを立面として考えたらいいかわからない面白さがあると思いました。「オーケーストア」をこの雑色（ぞうしき）という場所で軸に持ってくるセンスが面白いと思う一方で、造形的に荒削りな部分があるのは悩める点ではありますが、なんてことのない街の中にもこのようなオリジナリティのある建築をつくれるというメッセージや力を感じて私は票を入れました。

吉村 リノベーション作品としてこの作品を見るという話が出ましたが、リノベにしては大がかりではないか気になっています。というのも、「オーケーストア」は合理的に考えてローコストをコンセプトにした建築じゃないですか。その建築の隣にこんな巨大構築物をつくることから、僕にはリノベの文脈に見えません。主従の逆転が面白いといえば面白いのかもしれませんが、これほど大袈裟にしないといけないのかが若干気になります。

小山 私としては、これが象徴的なものになっていって欲しくて、今後、「オーケーストア」が機能しなくなったとしても、この象徴があるからこそ「オーケーストア」の風景が残っていくようになればいいと思っています。

吉村 「オーケーストア」が残すに値する風景なのかが疑問です。

小山 この街では現段階で、残すべき風景だと思っています。

種田 それは何故ですか？

小山 私もここで生活している一員なのですが、この街の様子を見ていると、生活している人たちにとってこの「オーケーストア」が馴染みのものになりつつあると思っています。ちょっとした拠り所で、このホッとするようなチープさが良いというか、それがこの

「"あたりまえ"の風景」(小山佳織)模型

街の良さではないかと私は思っています。

吉村 確かに雑色という商店街は、比較的上手く機能していて、駅と商店街、「オーケーストア」で何故か上手く機能しているところがあるかと思います。ただ、「オーケーストア」はどこにでもありますから、「オーケーストア」より商店街のほうが魅力的に見えてしまいます。

小山 商店街のほうが実際に盛り上がっており、「オーケーストア」は二番手となっているため、商店街とスーパーが敵対関係になっていてバラバラの動線が出来ています。商店街が賑わっているにも関わらず、「オーケーストア」の商店街側の入り口はとても狭く、上手く動線が機能していないため、そこを私の設計で一つに繋げていければと思って設計しています。

冨永 今話されたことは「オーケーストア」自体の問題でしたが、商店街の持っている規模感とか空間性、動線、店舗の並びではできないことが、もしかしたら「オーケーストア」の一部だったらできるかもしれないといった、スケールとか建築的な差によってその交換可能性を繋げるためのものだと言われたほうがまだ良かったです。例えば「オーケーストア」がなくなった時に、これだけ大きな敷地をまた細分化して商店が建つのは考えづらいから、このスケールに対してこれを建てるべきだと言ってもらったほうが良かったし、そのように考えて欲しいと思いました。

冨永 郵便局に行く提案をしているけれど、別にこれが郵便局でなくてもいいような、建築のインフラがきちんと内包されて街でいろいろな人が通りすぎる場所の中にあり、プログラム自体は何でも良さそうなところに魅力を感じています。あとは、寿命が長くなりそうな建ち方をしているのが良かったのと、卒業設計で組み立てる時には構築的にやらなければならないところがある一方、この造形に関しては、かなりオリジナリティがあり、ここでしかできない、彼でしかできないような作品がきちんと出来上がっているところに魅力を感じて票を入れています。

大西 道には公共性や合理性のようなものがあると思います。10選の中ではかなり推しているのですが、そのあたりがもう少しあると良かったかなと。主観が少し強過ぎるというか、道というものが持っている公共性といった、皆が行きたくなるようにもう少し開かれているともっと良い建築になるのではと思いました。

種田 尾道の全体像の中で3つの建築がどういう関係にあるのかが、よくわからないです。バラバラの3つの拠点をつくっているけれど、尾道全体の道というか斜面のようなところを上手くつくるという話だとすると、説明がわかりづらいし、フォーカスを当てる部分が少し違うのではないかと思います。もっと全体像を見せて欲しかったです。

吉村 少し厳しい言い方ですが、斜面地の機能不全に対して民間の土地を公共に開放してやり直すという提案は、わりと卒業設計の鉄板ネタじゃないですか。他とは違うところを何か一言で言えますか？

牛尾 そこまで考えておらず……道と建築の関係と、斜面地での新しい在り方を提案したかったので。

吉村 その提案内容だと、今までにも結構ありました。そこから何か新しい視点が欲しいです。少し助けを出すと、機能に何か不思議な機能を入れているように思います。例えば物流の機能を入れているようですが、これだけ斜面地だったらインフラを再構成するよりも、例えばドローンで運ぶとか、そういうことに思い至りませんか。

牛尾 それこそ景観面で、ドローンなどが飛ぶ光景というのは僕としては……。

吉村 でもドローンが飛べば、今の街並みを何も変えないでも機能するかもしれないよ。

牛尾 そうですね。

24番 **牛尾朋聖** × ディスカッション

西田 尾道の斜面地は、尾道にもともとある既存の街並みの中にどう建てるかという話になることが多いのですが、牛尾さんの説明では、動線的な部分が建築の構造を多分に担っており、建築の構造から斜面地に建てる新しい都市構造まで連続しているという解き方が非常に面白い。もう少し掘り起こすと、既存の街並みをどう継承するかという議論にもなりそうなので、残しています。

種田 ▶ 尾道にはすでに魅力的な坂道に変えるような取組みがあるじゃないですか。いくつか空き家になっているところに、いろいろな芸術家のギャラリーのようなものを新しく入れて、そこを巡らせるという取組みが今行われていますよね。もともと空いているところも、皆が溜まれる場所になっていますよね。すでにコミュニティができているし、空き家が活用され始めているところに、この提案内容を行う意味があるのか、どうしても気になってしまいます。

牛尾 ◀ 観光客に対してはそのようなコミュニティができていますが、現地の生活者に対して、そのようなコミュニティがないのではと僕は考えています。

大西 ▶ どういうところにオリジナリティがあるのかを考えたのですが、例えば3箇所は全然違う方式であり、3個を3パターンでつくったというのは、周辺の敷地から生まれたものなのか、それとも、3つの手法を示すのが汎用性に繋がるということなのでしょうか?

牛尾 ◀ 標高が3つとも異なるのですが、1番上は今後さらに建築群が増えていくことを想定して余剰空間的なものを残しており、1番低いところにあるのは、山の始まりなので山を登っている感覚を設計しています。

冨永 ▶ 尾道がどんどん知名度が上がって変わっていくなか、わかりやすい観光の場所が用意され始めている。でも、生活者しか入れないような雰囲気を纏いながら、誰でも入っていいという地元以外の人が驚くような環境がインフラとしてあるということなら、都市の体系として少し1歩先に進めそうな予感がありました。

大西 ▶ 1番下で造成しているタイプのところなど、道が建物の中に入っていて建物の中をトンネルのように抜けるというのは、相当知っている人でないと行かないじゃないですか。冨永さんが言った生活者目線というかそういう装置を挟むことによって、その道が誰のためのものかを示しているとも言えるのかなと思いました。

西田 ▶ 先ほど、吉村さんがドローンを使うのはどうかと投げかけたじゃないですか。それはそれで1つの回答ではありますが、建築が考えるべき問題もあるのではないかと思っています。建築から考えたものとドローンの提案は共存できると思うんです。だから、何かプログラム的な意味では、非常にドメスティック的な話になるのかもしれませんが、訪れた人たちが建築をどう体験するかと、その建築でできることがもう少し多層なのではないかというのが吉村さんの指摘だと思います。ただ、機能として普通であることは、あの建築の中で悪影響を及ぼさないのではないかと感じました。

33番 坂田晴香 × ディスカッション

西田 ▶ 断面的にも平面的にも人の動線計画を少し切り取ったような形状になっていて、視覚障害というものから考えていったにも関わらず、出来ている平面とか断面に新しさもありながら汎用性もありそうなところが非常に興味深い。この作品を次に展開するとしたら、どのような可能性があるのかということを少し考えながら議論にのせたいと思って残しています。

吉村 ▶ 卒業設計全般を見ていると、政治的な正しさに振れてしまうか、露悪的にディストピアを描くか、といった両極に振れることが多いです。しかし、この作品は、バリアフリーのフラットレスを無視するという意味ではかなり露悪的

「見えない感覚で」(坂田晴香) 模型

なアプローチなのに、本人がこれを丁寧に解いて機能する状態にさせていることがすごいと思いました。政治的な正しさと露悪さの間で格闘しているのが素晴らしいのではないかと思います。

大西 初めの着眼点がすごく面白いので、今後も継続してこのテーマを考えていけば、ただ、坂田さん自身はあまり奇抜な建築をつくりたくないという話でしたが、むしろこうすれば私たちの建築も良くなるのではないかというような提案へと繋がりそうな気がしました。そういう意味で、今出来ているものよりもこれからの可能性に期待する案ではないかと思っており、その点が最優秀にしていいのかという議論の分かれ目ではないかと思っています。

冨永 建築の考え方とか出発点とか捉え方とかを経験的に組み立てようとしているのは面白いと思いました。一方で、敷地の形に建物の形がそのまま抉り取られ、視覚障害者の方が安心して活動できるのが明確にわかるように境界線が引かれていますが、もう少し緩やかに境界線を繋げるようなやり方があったのではないだろうかと感じています。

坂田 視覚障害者の方が把握できる範囲を建築で表すには、触れたり歩けたりする範囲であることを考えると、あまり広げて分棟とかにしても感じられないのではないかと考えています。

冨永 なるほど。この空間は安全だという区切りをつける境界のつくり方に、敷地を広げるのは難しいということでしたが、アプローチの方法はもう少し提案できる場所がありそうだと思いました。

種田 テーマとしてはすごく面白く、足で踏んだ感触や直接向こうから届く音は考えているようですが、物理的な建築の構成としての壁や床、天井などとの距離感が気になりました。もう少し大きさに幅があったほうが空間としては完成度が上がったように思います。壁や人の距離感を考えていくと空間が大きいのではないでしょうか？

坂田 空間の大きさに関しては、プログラムとしてはそれほど小さい活動をしないので大きくしました。滑らかな大きいプラグがあるので、それに対して小さい空間をつくってしまうと2人の段階で結構窮屈になってしまうため、大きくなりました。

吉村 唯一気になる点を挙げるとすると、解きやすいところで解いているように感じられます。近代の分節指向は、狭い空間を隔てるために廊下や階段を生んだわけだし、そういう極端な隣接性がだんだん先鋭化されていくわけじゃないですか。でも、広ければそんなことをする必要はたぶんなかった。つまり、この作品も、広いスペースがあればでき

るけれど、狭かったらやはり元の廊下と階段に戻ってしまうのではないかという疑問があります。狭い空間の中で、緩やかに分節しないで各部屋を繋いでいくことができれば、案としてもっと強かったのではないかな。

坂田 複雑にしてしまうと、視覚障害の方だと難しいのではないかと思いました。

36番 佐々木萩乃 × ディスカッション

吉村 勝手に解釈してしまったところはありますが、空間の持っている性能のようなものは1分の1の建築だけでなく、模型にもあると思います。本人の説明の中には一切なかったのですが、箱庭療法のプロセスの一つのように、統合失調症の人などが言語の代わりに空間を扱って構造化するというプロセスとして見ると、建築の可能性を広げてくれているように思いました。

冨永 自分の中にあるいくつかの物語が塔になっていくという話がすごく面白いと思いました。たぶんこのような提案は周りの人にすべてを説明しきれないと思うんですね。だから、これをつくり続けるのは本当に大変だったと思います。それをやりきり、一つの建築として、見たことのなさそうな世界が出来上がっていて、それが素晴らしいと思えたのと、オリジナリティを感じて票を入れました。

大西 建築は、個人的な想いから始まってそれを深く掘り下げていくことで、何か客観的な事実でつくられたものとは異なる美しいものが出来上がったり、想像できない空間にたどり着いたりすることがあるので、その点ではこの作品は素晴らしいとは思います。ただ、客観性と主観性を行き来しながらつくらないといけないと皆が思っているなか、この作品をどう思ってつくったか聞きたいです。

種田 この作品は仮説がないというか、何も説明しておらず何でもありなので、どう読むかを丸投げされている気がして僕は評価したくないです。そんなことを全員がしたら、講評者の身勝手な解釈や好き嫌いだけで評価が決まってしまいます。僕は本人が今の時点でどこまで考えて何を表現し

ようとしているのかを知りたいので、その意味では、この作品は僕には評価不能でした。

西田 今、種田さんと大西さんから、どういう姿勢で佐々木さんが卒業設計に臨んでいるのかが疑問ということだったので、一度聞いてみましょう。

佐々木 私の成長過程でつくり出されてきた空間の在り方なので、例えば、閉じ籠ろうとした時に分厚い壁の中に自分をしまい込んでしまいたいという感覚を私は持っており、そういう感覚のようなものを他者の誰かと共有できれば、その人と私の中の空間とイメージのようなものを共有できると思いますが、誰もが理解できるわけではないし、皆に理解してもらうものでなくてもいいのではないかと思ってつくりました。

吉村 岡啓輔さんの蟻鱒鳶ルを知っていますか、ある一人の建築家がコンクリートの自邸を十数年かけてつくり続けているんです。70cm毎にコンクリートを打ちますが、次の層のことを考えないというやり方で、本人は「踊るように」と表現していますが、ライブ感を建築に投影する方法を探っています。この作品もそういうものだとすると、デザイン的に上手くなり過ぎでは。造形力が高いし金の装飾もかっこ良くて、80年代のポストモダンの一番良かった時期の造形みたいなマテリアルなセンスが感じられます。ただ、まとまり過ぎじゃないかな。あとは、高さを年齢ごとにきちんと揃えて起こった出来事を正確に反映するなど、何かしらのルール化、客観化をしないと共有しづらいというのはあります。

種田 先ほど佐々木さんは、作品をつくる際にもう一つ文学的なものを書かれているとおっしゃっていましたよね。今話にあった岡さんは、ダンサーで建築をつくっているという二つの軸を相互に行き来されることで特徴が浮彫りになっているのだと思います。そういうもう一つの軸というものが作品をつくっていく手掛かりになっているんだと思います。佐々木さんの作品はその小説がもう一つの軸になっているんじゃないでしょうか。もしよろしければ、その文字がどのような内容なのかなどを聞かせてもらいたいです。

佐々木 この場所に持って来られなかったので、内容を細かくは言えないのですが、塔がどんな道筋をたどりながら出来たのかを物語として詩として書き、その中に、私がイメージしたこの世にいない生物、自分が悲しくて苦しくて閉じこもってしまった時の絵などを表現しています。だからこそ、粗密があの模型の中にも生まれてきていることを詩のところ

で語っています。

66番 河野茉莉子・伊藤日向子・永島啓陽
× ディスカッション

吉村 吉村研究室に所属している学生をどこまで応援すればいいのかわかりませんが、これが渋谷の巨大再開発に対するオルタナティブなんだと思います。パリや銀座へ行くと、ハイブランドが同じように軒を連ねている似たような景色が世界中で見られるなか、サブスクリプション型の新しい消費のモデルのようなものが建築に影響を与えるとすると、正解のないものへ果敢に取り組んでいるところを評価しています。今は、生活のいろいろな部分がサブスクリプション化しており、音楽などもいちいちお金を払って聞かなくなっていますが、たぶん次は服などがそうなっていくのかもしれないというところに面白さを感じます。服を着ている人間が発信媒体となるのが、渋谷の街ではすでに交差点などで起こっており、そのような発信地としての渋谷を建築化したのが面白いと思います。

種田 僕は建築の象徴性のようなものはとても大事だと思っています。渋谷の新しい象徴として、建物自体の形がシンボリックであるうえ、中で服を着たマネキンがランウェイとして歩くことで、中の人の活動がシンボリックさを補完しているところにとても迫力があると思いました。また、絵がきれいで模型がかっこ良くて表現力としても優れていると思います。

「109*2.0」(河野茉莉子・伊藤日向子・永島啓陽)模型

大西 この渋谷のファッションビルの案を見ていると、「せんだいメディアテーク」のコンペで吉村さんと古谷誠章さんが提案していたような、図書館というものがメディアテークという新しいものになった時に見えてくる、新しい空間性への可能性に繋がるようなものになるのだろうと思いながら見ていました。ただ、もっとラディカルにやればいいのにというのが正直な感想です。渋谷につくれば話題になるし、お金になるという人がいれば実際につくれそうですが、もう少しラディカルにすれば、このようなファッションの在り方があったのかと皆が思うよう

な提案になっていたのではないかと、惜しいと感じました。でも、完成度が高くて説明も論理が明快で、その点は素晴らしいと思いました。

西田 先ほど冨永さんがコメントしていましたが、僕も非常にシンプルに構成がまとまり過ぎているのではないだろうかと思います。服が入っていった時にはもっと複雑的になるというコメントがありましたが、本当にそうなるでしょうか。要は、今回は何故この状態で指し示したのかを知りたいです。

河野 今回この建物を計画する際に、Y字路の付け根に現在の109のようなアイストップになるようなシリンダー形状を掲げるという暗黙の了解のようなものがあり、それを継承したいという気持ちがありました。あと、V字谷形状の吹き抜けをつくっていますが、そこは渋谷の谷の形状が生んだ渋谷独特のすり鉢状の舞台性というか、視線が交差して内側に向くような空間をつくりたいと思ったのと、渋谷の特性のようなものをなるべくギュッと凝縮したものにし

たいという気持ちがありました。

冨永 渋谷の交差点から視線が集まる場所に109があるので、この建築がそこに建ったとして、交差点で信号待ちしながらこの建築を眺めている風景を想像すると、何だか少し恒常的な印象を抱いてしまうのが票を入れられなかった理由です。もっと動き回って服を見つけるとか、あそこのお店で買ったとか思い出せるようなことができれば。構成が美しいですが、もっと崩したほうが空間体験として面白いのではないだろうか、ここでしかできないことができるのではないだろうかと思っています。

73番 糸井 梓 ×ディスカッション

西田 卒業設計の講評をしていると、建築を建てる意味のような背景の説明が非常に多いのですが、この作品は、光の在り方という、設計の創造性から空間のつくり方をストレートに考えており、その結果、出来た建物が、全体像を構成しているという点に非常に共感を持てました。地域との関わり合いのようなものが、ただ人が来るといったことだけでなく、光の在り方のようなものまできちんと対象にして建築ができるという示し方が非常に良いと思って推しています。

大西 建築を学んでいる人がいろいろな世界に出かけて、そこで見た建築に感動して、そこから次の自分の建築を考えるというのは当たり前のことですが、卒業設計という場で、何とか論理的にあるいは説明的に語ろうとするなか、それ以上に、糸井さん自身が感覚的に捉えた空間の連なり方の魅力というか、自分が体験してきたものを感覚的に自分の建築に移し替えていく力を持っているのが感じられ、そこが良いなと思いました。

吉村 少し聞きたいのが、小淵沢の近くにマリオ・ベリーニによるイタリアの小都市をサンプリングしてコピペした建物がありますが、それについてどう思いますか？

糸井 あの場所はリゾートの空間としてあるので、非日常的な空間構成としてはいいと思いますが、実際にイタリアの都市を経験してあそこへ行くと、イタリアの中世都市の再現をしてはいますが、一方で、あの小淵沢の地域に土着的には合っていないと思います。

吉村 そうなってしまう危険はないのですか？

糸井 この地域には多くの別荘が存在しているのですが、別荘のファサードというものからこの建築のファサードを計画しています。

吉村 別荘は、だいたい北米とか北欧からサンプリングしてきているものが多いですよね？ それをダメだと言っている訳ではなく、上手くこういう文脈と繋げて説明する方法もあるのではないかなと思います。

西田 小淵沢の地域における光の関係、環境との関係を心象風景として得て、自分の中の引き出しとして入れるのは誰しもに起こることだと思うんですよ。その引き出し自体を説明されるよりも、そこに引き出しがあるからこそ、この地域に建築を建てた時にどうあるべきかをむしろ知りたい。

糸井 先ほども少し説明させていただいたのですが、この地域は日照時間が長く、太陽光発電に力を入れているというアピールをしています。そのため、この地域の市民は自然光や太陽から思い浮かべるのが太陽光発電のパネルなのです。私はそれがすごく嫌で、その景観も嫌なので、もっと自然光を自然とマッチした形で取り入れることで、地域の良さを街の人がきちんと理解していけるような施設になって欲しいと考えています。

「溶けあう建築」（糸井 梓）模型

最優秀賞の決定

司会 それでは、最優秀を決める投票に移らせていただきます。6作品の中から1人1作品に投票していただき、最優秀を決めていただきたいと思います。

種田 僕は66番「109*2.0」が1番良いかなと思います。スミッソン夫妻のニュー・ブルータリズムではないですが、かつて内側が外側に出てくるというのが建築を変えたじゃないですか。この作品はさらにその次を行っているように感じました。アクティビティが表面に、ファサードになるというのは可能性があるし、しかも渋谷という敷地につくるのが良いと思いました。

冨永 私は24番「跨線的建築群」が良いと思います。理由は先ほど話したことと重なりますが、あの建築に入っていくこと自体が驚くような体験だと思うんです。確かに、卒業設計によくあるテーマだとは思いますが、つくり上げられた形は、どこまでが地形でどこまでが壁でどこまでが床か、すごく複雑な形で組み上がっているところにすごく魅力を感じます。尾道という敷地との兼ね合いがそこであった時に、どういう空間体験になるのか、何か上手くいっているように感じられるので、推したいと思います。

大西 私も24番「跨線的建築群」に投票します。いろいろ考えていくと道は面白いものだなと私も思っているのですが、どういう道をつくるとどういう人が入ってきて、そこがどのような場所になるのか、それをこれからも継続して考えていけるようなテーマではないかと思います。

吉村 誰も票を入れなかったら入れないでおこうと思ったのですが、種田さんが投票してくれたので66番「109*2.0」を

推します。サブスクリプションが何を起こすかというと、店舗のほとんどが消えてしまうと思います。音楽でも、CD屋さんは消えるけれど、ライブをする劇場だけは残るというように、この作品は、店舗が消えるのを諦めず、ライブが行われる場所とモノを売る空間を重ね合わせてつくったような建築となっています。店舗を諦めないという姿勢に、1票を入れます。

西田 24番「跨線的建築群」です。近代の建築というのが、敷地をゼロベースから考えることを前提にしているのに対して、現代はもともと敷地にある環境をどう肯定的に捉えていくかがテーマになっていると思うのですが、この作品は、尾道という斜面建築で、街並みとして見た時の在り方のようなものを、屋根のような外観構成要素から考えているのではないにも関わらず、最終的に形式が似ているところへたどり着いているのが非常に興味深かったです。

最終投票

5番	「"あたりまえ"の風景」小山佳織	—
24番	「跨線的建築群」牛尾朋聖	（大西・冨永・西田、計**3票**）
33番	「見えない感覚で」坂田晴香	—
36番	「私の地層」佐々木萩乃	—
66番	「109*2.0」河野茉莉子・伊藤日向子・永島啓陽	（種田・吉村、計**2票**）
73番	「溶けあう建築」糸井 梓	—

司会 最優秀賞は24番「跨線的建築群」の牛尾さんに決定いたしました。おめでとうございます。

Chapter 3

出展作品

晴好雪奇
―セイコウセツキ―

街で除雪された大量の雪は廃棄物としてひたすら積み上げられ、何も生み出さない雪山を形成して、夏には溶けて消えてゆく。このサイクルに介入し、故郷のアイデンティティである雪の魅力を再発見する場へと転換する。

山本 隆徳
Takanori Yamamoto

国士舘大学
理工学部 理工学科
南研究室

［プログラム］
幼老福祉施設

［構想／制作］
2ヶ月／2週間

［計画敷地］
福井県大野市明倫町1-1

［制作費用］
31,500円

［進路］
最大手住宅メーカー

福井県大野市。
しんしんと降る雪のなか、わたしは育った。

一面の白い景色。
この美しい景色がどこまでも続くものだと思っていた。
対して、現代の子どもたちは、人工物だらけの街でゲームに熱中している。
あのころ、私は毎日のように外で遊んでいた。
それだけ雪は、最高の遊び相手だった。

私は改めて雪国という魅力に気づかされたと共に、
地元の人はその魅力に気づいていないことを知った。

私は考えた。

大野の子、都会の子、みんなが自然を感じることができる
「農業」と「雪の場」をつくろうと。
それが福井の地域おこしになると考えた。

敷地は雪の堆積場として利用されている空き地。
除雪された大量の雪は、何も生み出さない雪山を形成して、
夏にはとけて消えていく。
この敷地に幼老福祉施設を設計する。

子どもたちに知ってほしい。
自然のたのしさを。美しさを。
大人たちに思い出してほしい。
この現代で忘れかけていたことを。

　　　　　　　　　　　この想いが、どうか届きますように。

長崎オペラハウス
─立体・回転・円形を融合させた多種多様型劇場─

長崎市伝統的建造物群的保存地区内のグラバー通りを挟んだ高低差32mある2つが敷地だ。長崎市の観光復興計画に沿って、長崎の市民と多くの観光客、そして新しいことに挑戦していく役者のための未来の劇場を設計した。体験型劇場建築が長崎の新しいランドスケープとなり、伝建地区内グラバー通りを始点に長崎の歴史を感じ、終点では長崎の新しい未来を体験できる場を提案する。

甲斐 江理佳
Erika Kai

国士舘大学
理工学部 理工学科
国広研究室

- - - - - - - - - - - - - - - -

[プログラム]
総合公共文化施設

[構想／制作]
2ヶ月／2ヶ月

[計画敷地]
長崎県長崎市南山手町
伝統的建造物群保存地
区浪の平小学校跡地

[制作費用]
10,000円

[進路]
国士舘大学大学院

「今日も行こうか」と気軽に芸術に浸ることができる未来の劇場

市民にとっての生活拠点・故郷の心象風景であり、来訪者にとっては"ナガサキ"に出会う場でもある。長崎の新しいランドマークとなり、みんなが集う場所を提案する。まちづくりを考える上で長崎市の南山手の伝建地区内の東側には大浦天主堂やグラバー園があり賑わっているが西側に観光客が誰も行かないことを知った。グラバー通りの活性化を図るために明治から伝統のあった小学校跡地に計画する。

『海』と『山』に囲まれたロケーション

世界三大夜景稲佐山展望台からオペラハウスを眺める

私は長崎生まれだ。卒業論文で市内の外国人旧居留地にある洋風住宅についての調査を行なった。その後、グラバー園を訪問した際に長崎を舞台としたオペラ蝶々夫人の存在を知った。長崎市観光振興計画2020に「芸術文化を活かしたまちの魅力向上 長崎が物語の舞台の世界的に著名なオペラ「蝶々夫人」をテーマとした国際コンクールやコンサートなどを開催し、長崎の特色ある芸術文化を発信しまちの魅力を高める。」という取り組みが記載されていた。そして、長崎市南山手の歴史ある場所にオペラハウスが入った公共総合文化施設を設計した。

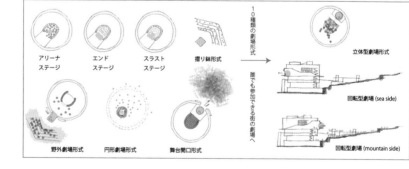

アリーナステージ　エンドステージ　スラストステージ　摺り鉢形式

10種類の劇場形式　誰でも参加できる街の劇場へ

野外劇場形式　円形劇場形式　舞台開口形式

立体型劇場形式
回転型劇場 (sea side)
回転型劇場 (mountain side)

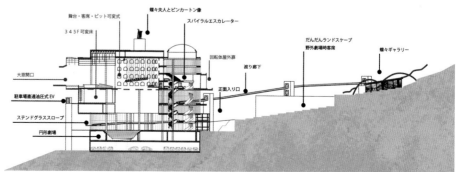

舞台・客席・ピット可変式
蝶々夫人とピンカートン像
スパイラルエスカレーター
345F可変床
回転体屋外扉
だんだんランドスケープ
野外劇場時客席
蝶々ギャラリー
大窓開口
渡り廊下
正面入り口
駐車場直通油圧式EV
ステンドグラススロープ
円形劇場

都市の記憶の継承
―ペンシルビル連結による再開発―

日本の都市に多く見られるペンシルビルは、日本の都市の象徴であると考えた。しかし、ビルの新規建て替えや街区を統合した大規模な再開発により、ワンボリュームの高層建築が建てられ日本の都市空間が均質化した街並みになってしまう。そこで、日本の都市空間の象徴であるペンシルビル群を残した新しい再開発方法を提案する。

荒川内 大心
Taishin Arakawauchi

日本大学
生産工学部 建築工学科
岩田研究室

[プログラム]
複合施設

[構想／制作]
8週間／2週間

[計画敷地]
東京都中央区

[制作費用]
100,000円

[進路]
日本大学大学院

都市の記憶の継承
―ペンシルビル連結による再開発―

失われてゆく無秩序な日本の都市景観

昭和55年
東京の都市景観

平成30年
現在の東京の都市景観

コアの減築、そして新しいコア塔

■ コア　　■ 既存のコア　■ 新しいコア塔

計画地のコアの現状　　計画後のコアの分布

ペンシルビルを連結する4つの手法

階段による連結　　スラブの延長による連結　　スロープによる連結　　スキップフロアによる連結

コア塔から広がる自由な通路（1階平面図）

屋上が広い広場となる（6階平面図）

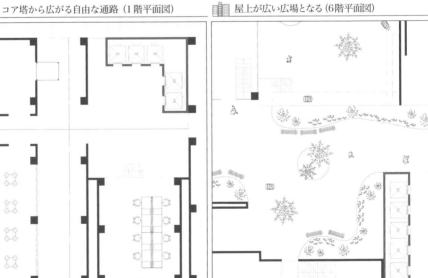

天空の霊廟
―終の象徴となる巨大共同墓地の提案―

多死社会にある日本では墓をめぐる問題が起きている。時代が変動する中、墓問題の収束を目指す巨大共同墓地を提案する。計画地は、電波送信を終了した東京タワーの建つ場所である。ここは、超長期的に歴史をみると死者とのつながりが深い場所である。役目を終えた時代の象徴に、新しい役目を与える。巨大墓地空間をもつ東京タワーは、遺族にとって故人を想う、終の象徴となる。

遠藤 涼平
Ryohei Endo

日本大学
生産工学部 建築工学科
岩田研究室

[プログラム]
共同墓地

[構想／制作]
5ヶ月／2ヶ月

[計画敷地]
東京都港区芝公園
4丁目28

[制作費用]
100,000円

[進路]
日本大学大学院

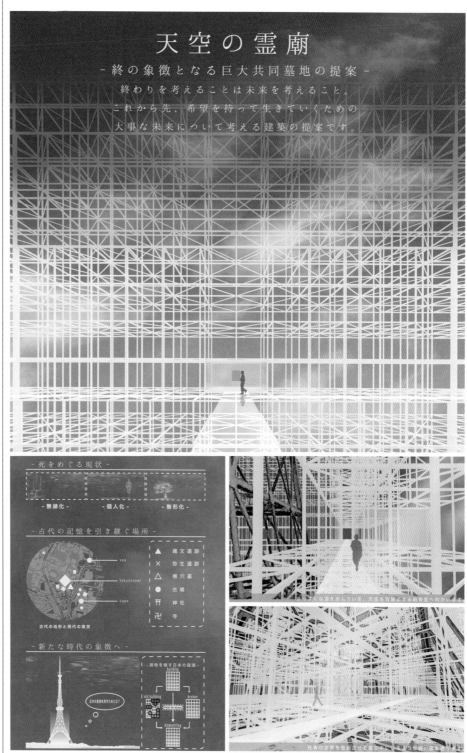

55

"あたりまえ"の風景
生活に寄生する地域活動の場

東京都、大田区。この地で私は、12年間の地域活動を行なってきた。まちを支える底力。しかし、その認知度の欠如により、今日残されるべき活動が存続の危機に瀕する。そこで生活のすぐ隣に当たり前に存在する地域活動支援施設を設計する。裏舞台から生活のすぐ隣へ地域活動を可視化する。「知らない」から「あたりまえ」へ。ここに私たちの居場所をかけたメッセージを建築する。

小山 佳織
Kaori Koyama

日本大学
生産工学部 建築工学科
岩田研究室

[プログラム]
地域施設

[構想／制作]
3ヶ月／1ヶ月

[計画敷地]
東京都大田区雑色

[制作費用]
65,000円

[進路]
日本大学大学院

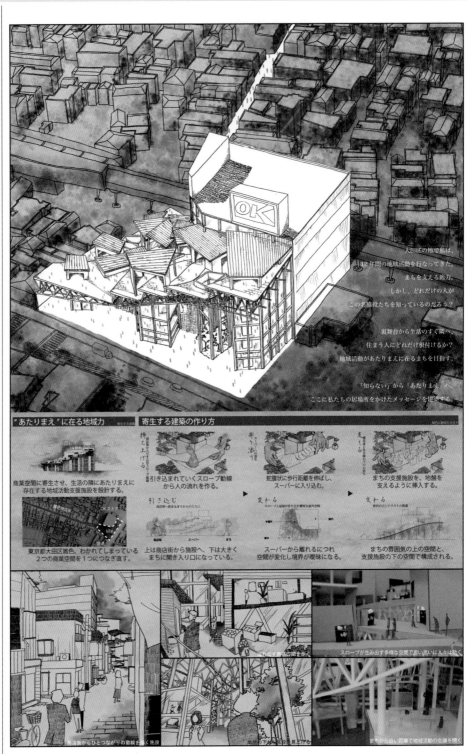

大田区の地で私は、
12年間の地域活動を行なってきた。
まちを支える底力。
しかし、どれだけの人が
この名脇役たちを知っているのだろう？

裏舞台から生活のすぐ隣へ、
住まう人にどれだけ根付けるか？
地域活動があたりまえに在るまちを目指す。

「知らない」から「あたりまえ」へ。
ここに私たちの居場所をかけたメッセージを建築する。

"あたりまえ"に在る地域力

商業空間に寄生させ、生活の隣にあたりまえに存在する地域活動支援施設を設計する。

東京都大田区雑色。わかれてしまっている2つの商業空間を1つにつなぎ直す。

寄生する建築の作り方

持ち上げる。
引き込まれていくスロープ動線から人の流れを作る。

寄り添う。
蛇腹状に歩行距離を伸ばし、スーパーに入り込む。

支える。
まちの支援施設を、地盤を支えるように挿入する。

引き込む
上は商店街から施設へ、下は大きくまちに開き入り口になっている。

変わる
スーパーから離れるにつれ空間が変化し境界が曖昧になる。

支える
まちの雰囲気の上の空間と、支援施設の下の空間で構成される。

ニブンノイチ改築
繋がる家のまちづくり

それでも木密に住みたい！　そう思う魅力が木造密集地にはある。しかし、災害時の被害が大きいなど多くの課題を抱えている。そこで、街全体をニブンノイチに改築しながら家を繋ぎ、下町の風景を残しつつ、防災性を高める。具体的には個々の住戸をニブンノイチに圧縮し、残りをスケルトンのみにして耐火ガラスで覆う。ガラスで覆われた空間が避難防災経路かつコミュニティスペースとなる。

金沢 萌
Megumu Kanazawa

日本大学
生産工学部 建築工学科
岩田研究室

[プログラム]
集合住宅

[構想／制作]
5ヶ月／1ヶ月

[計画敷地]
東京都豊島区東池袋4
丁目

[制作費用]
20,000円

[進路]
（株）ムラヤマ

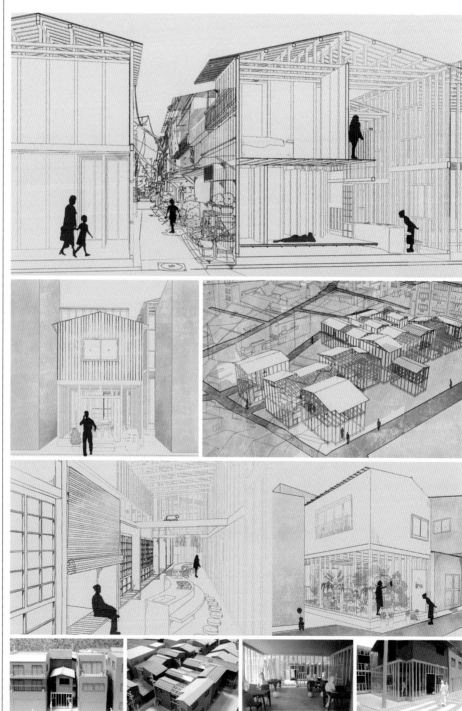

さよならわたし
こんにちはわたし
―個人から分人へ―

自然とわたし。ものとわたし。ヒトとわたし。
本当のわたしはどこにいるのか。ヒトは他者に対して寛容なのか。
他者にあふれた今。自由にいきていけないわたし。
日常の中に他者に対して寛容できる今を提案する。

瀬田 直樹
Naoki Seta

日本大学
生産工学部 建築工学科
大内研究室

[プログラム]
自由

[構想／制作]
3ヶ月／2週間

[計画敷地]
東京都新宿区大久保
1丁目

[制作費用]
50,000円

[進路]
未定

■ わたしと他者と都市

ヒトと他者の関わりがなくなった。
現在の都市は建築や人、様々な要素が近くにある。
共存ではなく、不干渉なのが都市。

他者に寛容な場を提案する。

■ 無計画な風景との出会い

寛容な場は無計画かつ未完成な場で
はないか。

■ ひとともの、ものともの、ひととひと

無計画な場、未完成な場を要素ごとに切り取ることで、工程がわかった。
この工程をきっかけにモノとモノの距離を再構築する。

■ 自由な行為

人々はもっと自由な行為をしていいのではないか。
建築が自由な行為を引き出すきっかけになれないか。

■ 解釈のない要素たち

自由な行為と無計画な要素をきっかけに解釈のない建
築の構成要素を設計していく。解釈のない要素たちは
人に、ものに、自然に、自由な行為を促す。

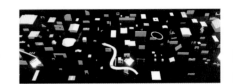

都市のホカン
竹下通り2.0

TwitterからInstagram、静的情報発信から動的情報発信へと変わっている現代において、試着空間を建築スケールまで拡大した「ショールーミング空間」を既存都市に挿入することで、建築が耐用年数を迎え過渡期にある原宿竹下通りにおける都市機能の充足と更新、補完を可能にする計画である。

遠藤 翔
Kakeru Endo

日本大学
理工学部 建築学科
今村研究室

[プログラム]
商業施設

[構想／制作]
2ヶ月／2週間

[計画敷地]
東京都渋谷区神宮前
1丁目5

[制作費用]
50,000円

[進路]
未定

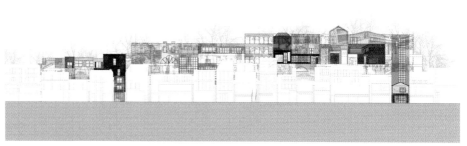

プログラム

ショールーミング

原宿竹下通り

建築化

リテールテイメント

リテール ＋ エンターテイメント

竹下通りらしいショールーミング空間のための空間

動的空間
パブリックビューイング
大階段ランウェイ
ライブステージ

文化
東郷神社文化施設

静的空間
カフェ
雑誌・図書コーナー

サービス
クローク
更衣室
メイクルーム
スタイリングアドバイスコーナー
ワークショップコーナー
フォトスポット

形態

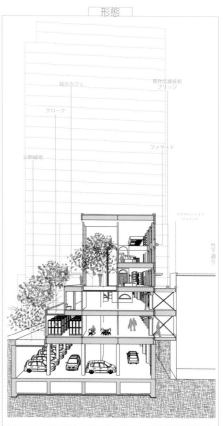

シーン1：滞留空間

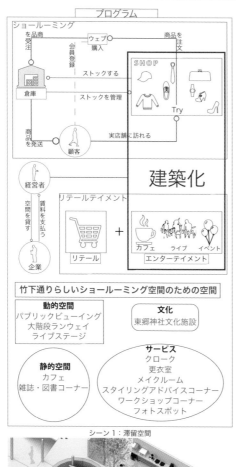

文化を紡ぐ
―神宮外苑における文化と商を纏う 新たなビルディングタイプの提案―

都市の再開発などによってその土地の文化や歴史は薄れていき、都市体験はどこも似たり寄ったりなものへと変わってしまった。しかし、街にその街の魅力を気付かせる場、文化を認識させる場があれば東京の都市体験はより豊かで素敵なものへと変わるのではないかと考えた。それに伴い文化の商業化に着目し、これからの文化と商を纏う新たなビルディングタイプの提案を行う。

山川 香子
Kako Yamakawa

日本大学
理工学部 建築学科
今村研究室

［プログラム］
ミュージアム・商業

［構想／制作］
6ヶ月／1週間

［計画敷地］
東京都港区青山二丁目

［制作費用］
70,000円

［進路］
日本大学大学院

提案
ミュージアムの機能を再構築することで、ミュージアムとも商業とも言えない中間の形で成立する新たなビルディングタイプを提案します。

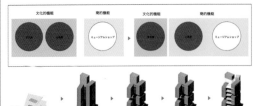

意職住
意思のある人々が住み
職で復興する

私のふるさと福島県の復興は「よってがっせ」と「少しよっていきなよ」と、気軽に今まで呼び止めていた声が聞こえない。
聞こえない理由はハコモノの復興住宅での分断された生活基盤が原因である。
もう一度あの声を聴く為、建築群から日々の生活を設計し、
人々の声を聴き、全員が「帰る」事ができる復興集落を提案する。

渡辺 真理恵
Marie Watanabe

日本大学
理工学部
海洋建築工学科
佐藤研究室

［プログラム］
復興住宅

［構想／制作］
2ヶ月／1ヶ月

［計画敷地］
福島県双葉群富岡町
仏浜釜田

［制作費用］
200,000円

［進路］
日本大学理工学部
海洋建築工学科研究生

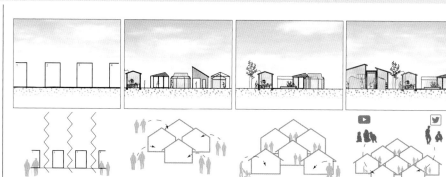

ハコモノの復興住宅によって、コミュニティーが分断されたことにより高齢者の孤独死が増加した。

そこで、元の生活をしつつ今までの生業を伝承するような働く場を設ける。

I期で入居した人々の家族が訪れる為、関係性が広がる様ふるまいを誘発し人の繋がりを復興させる。

II期で関係性が広がり外の様々な人々が訪れ中間領域は老人達が伝承する場へとコンバージョンされる。

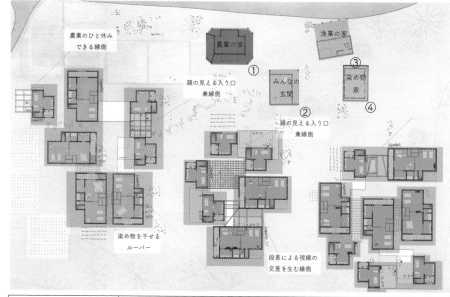

農業のひと休みできる縁側

漁業の家

農業の家 ①

顔の見える入り口兼縁側

みんなの玄関 ②

染め物家 ③

④

顔の見える入り口兼縁側

染め物を干せるルーバー

段差による視線の交差を生む縁側

ジジババスケール

作業のひと休みの場

空間をまじ切る工夫

住宅群にある交流スペース

住宅と住宅の縁側が伝承の場に変貌する

立ち話窓ごしで話す人々

痕跡の行方
生を具現化した風景がつくる死と人との新しい距離感

墓の管理や無縁墓地の増加などといった問題の根底には、人々の「死への無関心」があると感じる。その原因は現在の聖域のような墓や、死が見えないようにつくられたまちが死を考える機会を奪ってしまっているためであると考えた。そこで、「人がいなくなった空間」に残された「人がかつて居た痕跡」を頼りに、生の具現化を行う。自らが死について考え、死との距離を選び取れる場を提案する。

根本 一希
Kazuki Nemoto

日本大学
理工学部
海洋建築工学科
建築デザイン・計画研究室

[プログラム]
死と向き合う場所

[構想／制作]
7週間／7週間

[計画敷地]
千葉県松戸市
常盤平団地

[制作費用]
80,000円

[進路]
日本大学大学院

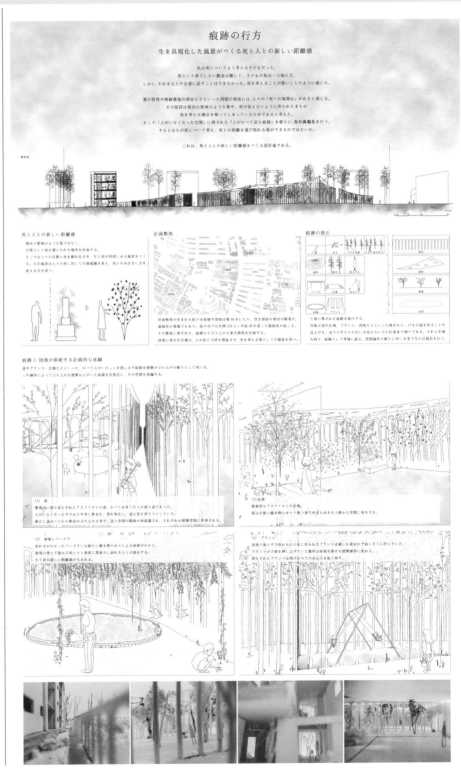

不時着する命の杜

日本の主要都市にある海は高度経済成長時に汚染された。過去の汚染は汚泥という形で海底に大量に溜まっており、今も残っている。これがあるために水質はいつまでも改善されず、生物などは戻ってこない。今必要とされているのは汚泥の処理をし、汚染を完全に浄化していくと同時に、人々に海への関心を取り戻してもらうことである。

篠原　健
Ken Shinohara

日本大学
理工学部
海洋建築工学科
建築デザイン・計画研究室

［プログラム］
浚渫施設
体験型観光施設
都市計画

［構想／制作］
6週間／6週間

［計画敷地］
東京湾

［制作費用］
100,000円

［進路］
日本大学大学院

01.海底汚泥の利用

02.成長し、沈み、完成する建築

03.変遷するプログラム

04.立面成長ダイアグラム

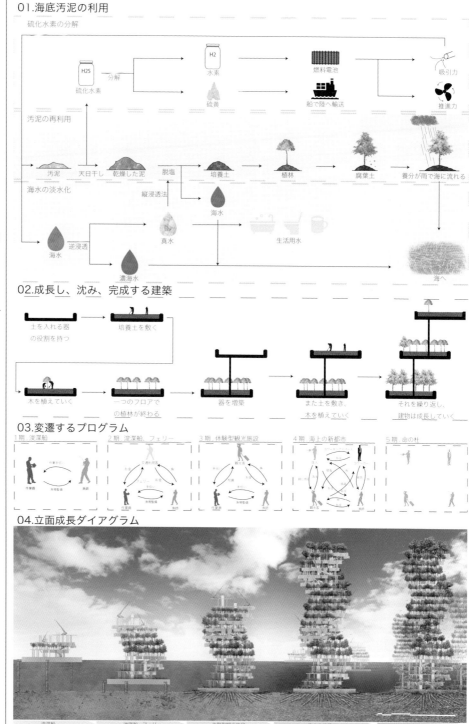

ハート

本計画は、保水する材料（スポンジと今回開発した保水藻タイル）でビルを覆うこと。それによって気化熱現象が起こり、電気設備に頼ることなく建物を涼しくできる。また近年、都市部で顕著化するヒートアイランド現象抑制にも繋がる。これによってCO2排出量が全体の1/3以上を建築関連が占める現状において、「建てる」という環境破壊行為が「植える」という行為へと変わることを望んでいる。

寺沢 鳳成
Takanari Terasawa

日本大学
工学部 建築学科
建築歴史意匠研究室

［プログラム］
ビルの外皮

［構想／制作］
3ヶ月／2ヶ月

［計画敷地］
温帯・冷帯・寒帯に位置
する先進国

［制作費用］
50,000円

［進路］
未定

1.SPONGE

プラスチック板
止水用樹脂（模型はコットン紙を使用）
366
PLAN
スポンジ

普段は閉じて断熱

通水することで止水用樹脂が膨張、全体が湾曲
→表面積が倍に

バイメタル式サーモスタッドシステム

低膨張材／高膨張材
乾燥状態 湿潤状態

2種類の膨張率の異なる材料（プラスチック板と樹脂）を貼り合わせることによって、変化を増幅する。（模型では樹脂の代わりにコットン紙を使用）

δ＝25mm
開閉システム実験

気化冷却すだれ

水を浸すことで、気化冷却して周囲の温度を下げる。そして、シートの角度が水平になことで効率up。また、重みで下に伸びるため庇にもなる。

屋上にかかる排熱バルーン

気化冷却
上昇気流
スポンジ
室外機
冷房負荷が少ない
内部
排熱

2.TILE

①タイルに水を浸透させる
②水が蒸発する
③気化熱によって涼しくなる
水蒸気

①藻が乾燥して収縮する
②空隙がうまれる
③断熱層を形成する

1. 下地デコフォルム

・成形が容易なため、さまざまな建物に対応可能
・軽量のため、取り扱いが楽
デコフォルム専門メーカー⊂υℲΘℝℳ
株式会社マリンフロート

2. 保水層を流し込む

保水藻（イシクラゲ） 廃ガラスを再利用した軽石

3. モルタルを塗る

雨は通さないが、湿気は吐き出す
雨粒 2000μm 霧雨 100μm
水蒸気粒子 0.0004μm
outside
inside
（モルタル孔大きさ 1μm～20μm）

4. 脱型

BUILDING TREE
建てる を 植えるに
URBAN FOREST

EXPERIMENT

水をたくさん消費して温度を下げる単距離型
→日射の強い「南・西・水平面」に採用

水分を蒸発するのが早い
断熱性能が低い

SIMULATION　南面 =3.1℃涼しい

(53-50)+(47-46)+(40-40)+(35-35)+(28-28)=
(53-40)+(47-37)+(40-35)+(35-31)+(28-28)=31

outside

EXPERIMENT

水を少しずつ消費する長距離型
→日射の弱い「北・東面」に採用

ゆっくりと水分を蒸発させてい
断熱性能が高い

SIMULATION　北面 =3.6℃涼しい

(41-36)+(38-34)+(35-32)+(31-30)+(28-27)+
(41-32)+(38-31)+(35-31)+(35-29)+(28-28)=36

outside

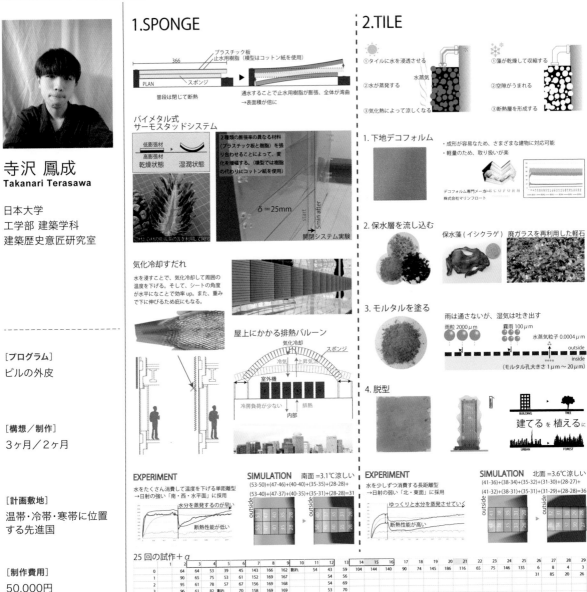

25 回の試作＋a

	2	3	4	5	6	7	8	9	10	11	12	13	14	15	16	17	18	19	20	21	22	23	24	25	26	27	28	29
0	64	64	53	39	45	143	166	162	割れ	54	43	59	104	144	140		90	74	145	186	116	65	75	146	135	6	8	4	3
1	90	65	75	53	61	152	169	167			54	56														31	85	20	26
2	95	65	78	57	67	156	169	168			54	69																	
3	96	割れ	82	割れ		158	169	169			53	70																	
4	98	割れ室t	79		割れ	160	170	169			53	69																	
5	98		83			161	170	170			55	69																	
6	割れ		79			162	170	171			53	70																	
7			規則性発見			163	171	171				70																	
8						163	171	172				71																	
9						164	171	172				74																	
10						164	171	172																					
備考				2.4.6と3.5は持ち上げ方が異なる																	白	緑	黄	茶				
吸水率	54		57	45	58	15		6			0	28	26	0	0	0	0	0	0	0	506	1041	583	1044				
最大吸水量	34	1	30	18	26	21		10			0	26	14	0	0	0	0	0	0	0	31	85	20	26				
イシクラゲ	2	16	16	48	48	0	0	0	60	60	40	75	150	150	100	60	50	77	105	30	0	30	35					
水	1	16	16			1	38	50	12	0	0	0	0	0	0	0	40	40	30	0	0							
セメント	1	16	32	24	24	1	150	150	18	30	40	75	150	100	50	110	150	30	40	50	33	35						
軽石	16	16	16	16	16	0	0	0	17	0	0	0	26	23	0	0	24	17	17	29	24							
W/C	######	300	200	200	200	100	25	33	67	200	200		100	100	100	100	70	100	100	60	92	100						
t (cm)	1	1	1	1	1	1	1	1	1	1	1		1	2	2	2	2	2	1	1	5	2	2					
S(cm2)	100	100	100	100	100	100	100	100	100	100	100		100	100	100	100	100	100	100	100	4	74	76					
V(cm3)	100	100	100	100	100	100	100	100	100	100	100		200	150	150	150	150	150	100	100	223	223	149	113				
比重 (g/cm)	0.64	0.64	0.53	0.39	0.45	1.43	1.66	1.62	######	0.54	0.43	0.59	1.04	0.96	0.70	0.60	0.31	0.49	0.96	0.93	0.77	0.43	0.50	0.97	0.90	0.03	0.04	0.02	0.02
透湿層																													
水										12	15	18		15	15		20	20	24		24	24						
セメント										18	15	12		15	15		20	20	72		84	78						
W/C										67	100	150		100	100		100	100	33	######	######	29	31					
割れの有無										有	無	無		無	無		有	有				分離						

BOOK OF DAYS
── 漫画×建築 ──

面白い建築をつくりたいけど、アイデアが…。アイデアは既存の要素の新しい組み合わせから生まれる。建築×○○、建築と関連性のある何か…、漫画だ。というわけで、建築を漫画で設計してみた。

加藤　佑
Yu Kato

東京理科大学
理工学部 建築学科
岩岡研究室

［プログラム］
本屋と集合住宅

［構想／制作］
3ヶ月／1ヶ月

［計画敷地］
埼玉県三郷市
さつき平1丁目6

［制作費用］
30,000円

［進路］
東京理科大学大学院

続きはwebで！

坩堝の表情
～移民社会における スポーツを通した 交流施設のあり方～

移民が多く住む街に地元住民と移民のための交流施設を建てる。交流に言語がいらないスポーツを中心とした施設とする。スポーツは閉じた箱の中だけでするのではなく外に開いたものにすることで、ほかの人にも出会いや気づきを誘発する。

塚本 沙理
Sari Tsukamoto

東京理科大学
理工学部 建築学科
岩岡研究室

[プログラム]
スポーツ交流施設

[構想／制作]
2ヶ月半／2週間

[計画敷地]
埼玉県川口市西川口駅
西口周辺

[制作費用]
80,000円

[進路]
東京理科大学大学院

言語を必要としなくてもコミュニケーションが取れるスポーツを中心とした施設とする。

スポーツ　料理　音楽　図書室、語学教室

スポーツは西川口に住む外国人の出身地にルーツを持つものとする。

太極拳　テコンドー　ムエタイ　ヨガ

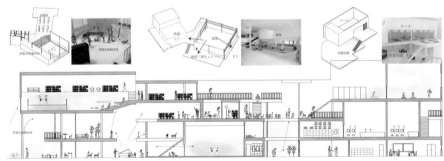

混在する
エキナカ・エキソト建築

技術革新は進み、近い将来駅では改札がなくなることも考えられる。その中でエキナカの施設はもっと利用価値が上がるものである。その利用価値を、駅の構造を再構築することによって高める。そうしたとき今まで完全に分断されてきたエキナカとエキソトは境界をなくし、駅という空間はよりオープンになりインフラとしての結節点であるとともに別目的の人間同士の結節点となるような駅を提案する。

佐伯 雅子
Masako Saeki

東京理科大学
理工学部 建築学科
岩岡研究室

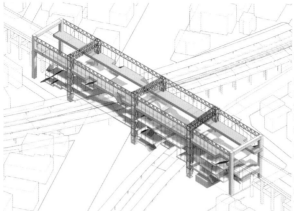

利用者によってかわる駅の境界
『エキナカとエキソト』、この概念は近い将来曖昧になる。この建築では、利用者が境を決め、それと同時に使い方も決める。ある人は通学路であって、ある人は公園で、ある人は職場で、ある人は交流の場。
この町のような建築は、技術革新が進み自動運転で信号待ちや渋滞がなくなり、人の集まる場が減り、駅すらも集まることに意味をなさなくなるかもしれない未来で求められる新しい駅の形であるのではないか。

[プログラム]
駅

[構想／制作]
3ヶ月／1週間

[計画敷地]
愛知県名古屋市西区
上小田井駅周辺

[制作費用]
30,000円

[進路]
東京理科大学大学院

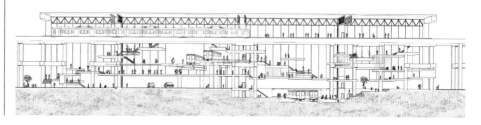

自由の境界線
─刑務所と都市のコンプレックス

私たちが生きる自由な都市に対し、都市と対極に位置する刑務所は自由を奪われている存在であるが、建築を構成する要素は都市を構成する要素と大差はない。自由・不自由を規定する建築の要素をとらえなおし、自由な都市と不自由な刑務所の境界線から、物理的に交わることのできない両者の関係性を再考する。

井口 直士
Naoto Iguchi

東京理科大学
理工学部 建築学科
岩岡研究室

[プログラム]
刑務所＋都市機能

[構想／制作]
8週間／2週間

[計画敷地]
横浜市港南区

[制作費用]
50,000円

[進路]
東京大学大学院

境界・領域を形成する要素

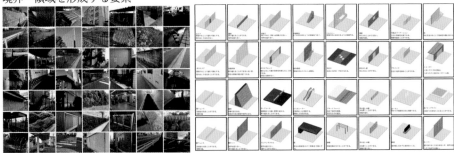

段階的に変化する刑務所と都市の関係性

刑務所機能　都市機能

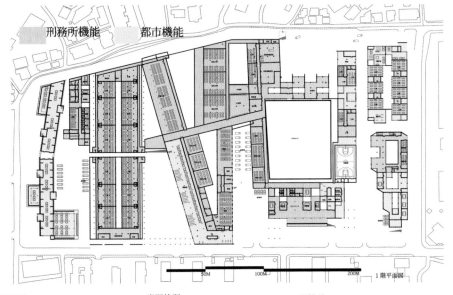

50M　100M　200M　1階平面図

開放型　半開放型　閉鎖型

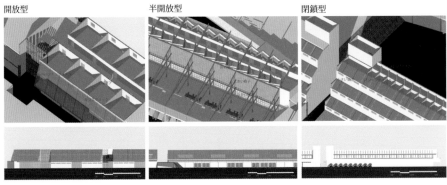

団地と遊び場と居場所と

多くの団地は近隣住区論に基づきコモンスペースが設けられる。そのコモンスペースの周辺に遊具を置くなど、子どもの遊び場、居場所を点在させる。その中心が計画敷地の児童館へと繋がり、公園だけでなく街全体に子どもの居場所をつくる。また、小学生だけをターゲットにせず、どの世代も利用しやすくなるように街の中心となる児童館を設計する。

小幡 智実
Tomomi Obata

東京理科大学
理工学部 建築学科
山名研究室

[プログラム]
児童福祉施設

[構想／制作]
8週間／4週間

[計画敷地]
千葉県松戸市常盤平
3丁目27−1

[制作費用]
70,000円

[進路]
東京理科大学大学院

ウッドデッキの様な板の道
（しょうぶ公園の近くのため菖蒲の葉をモチーフに）

道を跨ぐようにアーチをかける
（学区の分かれ目のためこの位置）

商店街の裏側にトンネルを設置

螺旋階段のようなもの
（松戸にちなんでまつぼっくりをモチーフに）

敷地周辺図

"小学生の待機児童問題"

学童保育では、小学校入学を機に、子供を預かってくれる施設がなくなり、育児と仕事の両立が困難になる「小1の壁」として社会問題化している。学童保育が保育園と比べて対策が進みにくい原因は人、場所、資金の確保が難しいことである。これより学童保育の建設は地域での理解と支援が必要となり、また、団地は敷地内に商店街があったりなどその中で小さな都市を作り上げているという特殊な地域性がある。団地と子供の遊びに焦点を当て、新たな子どもの居場所を提案する。

団地のリノベーションに伴い失われつつあった近隣住区のコモンスペースを復活させる	＋	4つの団地の中央の公園に児童館を設計する	→	児童館が街の中心となり子どもの居場所が町中に点在する

駅ナカ一体建築都市
上野駅建替・東上野再開発に対するカウンタープラン

駅によって分断された街は、それによって異なった性格を持ち不連続な都市を形成する。しかし、分断が起きているからこそ、共存し得ないような性格が表/裏の関係で共存できている。現在都市の境界線と化している駅を場として捉え、隣接する街と連続して設計することにより、街から街へ、駅から街への人の流れを円滑化させ、駅ナカ空間を文化の交流点にする。

大野 向輝
Kohki Ohno

東京理科大学
理工学部 建築学科
山名研究室

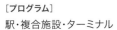

［プログラム］
駅・複合施設・ターミナル

［構想／制作］
6週間／5週間

［計画敷地］
東京都台東区上野駅、
東上野7丁目

［制作費用］
150,000円

［進路］
東京理科大学大学院

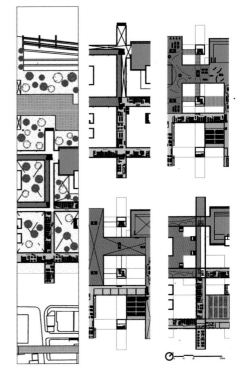

一般形からの解放
―地方再興型物流拠点の提案 ―

近年、都心への人口集中などによる地方都市の衰退が問題となっている。山口県周南市も駅前の活気が失われつつある。これに対し、現在都心のベッドタウンに多く存在する物流倉庫をはじめとする物流拠点の地方への分散傾向に着目し、地方都市の再興を目指した地方都市独自の消費形態を包括した物流拠点を設計する。

羽場 航希
Koki Haba

東京理科大学
理工学部 建築学科
山名研究室

[プログラム]
物流拠点

[構想／制作]
4ヶ月／1ヶ月

[計画敷地]
山口県周南市徳山湾

[制作費用]
100,000円

[進路]
東京理科大学大学院

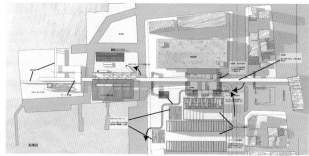

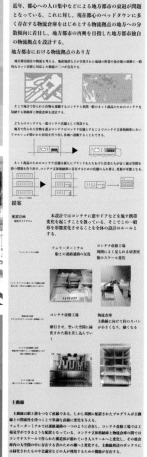

近年、都心への人口集中などによる地方都市の衰退が問題となっている。これに対し、現在都心のベッドタウンに多く存在する物流倉庫をはじめとする物流拠点の地方への分散傾向に着目し、地方都市の再興を目指した地方都市独自の物流拠点を設計する。

地方都市における物流拠点のあり方

提案

配置計画

フェリーターミナル
船との連絡通路の反復

コンテナ改修工場
同間によく見られる切妻屋根のスケール変化

コンテナ改修工場
奥行きを、空いた空間に緑化された箱を差し込んでい

物流倉庫
主動線に向けて柱のスパンが小さくなり、細くなる

主動線

遭逢の塔
オフィスビルにおける
交流の場の創出

これからは「人々が集まり、交流する場としてのオフィス」が重要になってくる。また、利用者のより身体的な要求に対してダイレクトに呼応できるような多様性や選択可能性を持った空間が必要である。ボックスを噛み合わせ、ずらすことによって、内外部に交流の場をつくり出す。その集合体は、オフィスワーカーだけでなく、さまざまな人々の拠り所となり、栄える。

藤田 正輝
Masaki Fujita

東京理科大学
理工学部 建築学科
垣野研究室

［プログラム］
複合施設

［構想／制作］
2ヶ月／2週間

［計画敷地］
東京都千代田区
神田小川町3丁目

［制作費用］
80,000円

［進路］
東京理科大学大学院

外観パース

南側エントランスより

北側エントランスより

ホール2階席より

上層階テラスより

外観パース

すなぎんを学ぶ

商店街の惣菜店と厨房を共有した調理専門学校と、実習でつくった料理を地域住民と一緒に食べるための空間を設計する。
商店街全体での食体験を通して教育の場と実践の場が共生した、また、地域性・学問性を反映した新たな学校のあり方を提案する。

池田 葵
Aoi Ikeda

東京理科大学
理工学部 建築学科
垣野研究室

［プログラム］
専門学校

［構想／制作］
2ヶ月／2週間

［計画敷地］
東京都江東区北砂

［制作費用］
80,000円

［進路］
東京理科大学大学院

01 背景　まち 学問を反映する学校

あらゆる地域に、あらゆる学問を学ぶための学校が存在する。
しかし、それらの学校の形態に地域性や学問性が反映されることは少なく、画一化された建物に収められている。

そのまちで、その学問を学ぶのにふさわしい学校のかたち、また、学校とまちの新たな共生の仕方はないだろうか。

02 敷地　砂町銀座商店街

昔ながらの惣菜店が軒を連ね、店主と客が交流する商店街の原風景がみられる。

〈問題点〉
- 経営者の高齢化で商店が閉店
  → 空き店舗やサービス店
- 以前は2階に店主が住んでいた
  → 空き家化
- 惣菜を食べたり体憩場所が不足

03 提案　分散型の調理専門学校

商店1階部分の厨房を開き調理設備を共有した実習室
＋
2階の空き部分に講義室
↓
調理専門学校

商店の定休日や閉店時間に厨房を使い、様々な商店の店主を講師とするなど、既成概念を超えた教育活動が行われる。

04 手法　店舗形態に依存する実習室

case1. みちで集まって食べる × 給食実習室

惣菜店の店舗形態
店先に屋台を出して販売
1階は厨房が占める
→ 店先をにぎやかさせ正面の道にも領域を拡張して実習室をつくり、商店街と緩やかにつなげる

正面性

case2. 厨房のカウンターで食べる × 調理実習室

居酒屋の店舗形態
席と厨房が分かれている
→ 壁を取り3店舗の境界をなくすことで回遊性・選択性が生まれ、歩いて好きな席で食べられる

回遊性

case3. 縁側で小体憩 × 製菓実習室

パン屋の店舗形態
手前に陳列棚、奥に厨房厨房のレジで会計をする
→ 既存に施行きセガラス張りの実習室を配置し縁側を設けると、道行く人の目にとまり余白がたまり場となる

ショーケース性

■1階平面図

砂町文化センター・図書館

公園から階段を上って二階の食堂のギャラリーや調理図書スペースへ

団地から歩いてきた人が角地に建つパン屋と実習室を見てもちょっと寄り道

みちの買い物客が顔を出して実習中の料理を食べる

講義室から講義の様子が見える

購買

調理実習室

給食実習室

製菓実習室

ロッカー

講義室

講義室

講義室

フードサプライ

実習で使う食材を商店に入手し集めて保管する

■a-a' 断面図

公園との境界を曖昧にすることで惣菜住民と学生の交流の場となる

講義室にアクセスできるテラスは学生のコモンスペースに

半外部の廊下からは実習の様子を見下ろすことができる

講義室

商店

調理実習室

講義室

熊野新道

アプローチをするために古道を経由するという人的で時間的なアプローチ手段がその困難さと時間によって熊野の神聖さは維持されてきた。ところが、熊野古道は世界遺産として登録され、古道の最終地点である熊野那智大社がテクノロジーと社会整備によって困難さが取り払われつつある。そこで、新しい熊野の神聖な在り方を維持する参道兼ギャラリーを提案する。

田村 真子
Mako Tamura

東京理科大学
理工学部 建築学科
垣野研究室

[プログラム]
ギャラリー

[構想／制作]
3ヶ月／2週間

[計画敷地]
和歌山県東牟婁郡那智
勝浦町那智山山麓

[制作費用]
60,000円

[進路]
東京理科大学大学院

01_ 熊野古道
熊野古道は、熊野三山（熊野本宮大社、熊野速玉大社、熊野那智大社）へと通じる参詣道の総称である。

02_ 失われつつある熊野古道の神聖さ
以前は、心を癒し、心を無にして古道を歩くことで時間的に熊野の神聖さは保たれてきた。ところが世界遺産化され、目的地の神社に車でアクセスできるようになったため古道を通らず神社へ行く人が増加。→本来の浄化の場となる存在の減少

02_ 対象敷地
和歌山県那智勝浦町那智山山麓
熊野古道のメインコースである中辺路が通る。熊野三山の中でも一番観光客が訪れる熊野那智大社の那智山の山麓とする。

03_ 熊野的神聖さを感じる空間とは

熊野古道を歩くこと

言葉の抽出
アプローチが困難
時間的困難
社会的困難
体力的困難
日常の情報を排除する
壮大
不思議なパワー
急に神社や町が現れる
季節の変化を感じる
木漏れ日のきれいさを感じる
温泉に入って疲れを癒す

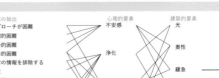

心理的要素　　建築的要素
不安感　　　　光　　　　　　光の向きと距離
浄化　　　　　奥性　　　　　奥行きの知覚
緊張と緩和　　緩急　　　　　所属の認識
無心になる　　壁　　　　　　視線の方向性
　　　　　　　外部からの侵入　意識の方向性

エントランス 熊野の自然に圧倒される。

奥性　光　外部からの侵入
先にはいってみたいが少し行きにくい空気感が漂う。

暗い空間から大きな空間へ来た時の達成感と緊張感

奥性
自分の気持ちによって空間を選択する。

今まで上がってきた場を振り返る。

方向を変えるとその先に空が見える。

外観図

観港まちづくり
地元民の生活と観光客の場の創出

旅先で地元民の生活を体験することは異国での楽しみ方の1つではないか。清水港は乗客2000人の国際クルーズ客船が入港する。日常は地元民の生活が溢れる第2のリビング空間となり、非日常の日には観光客との交流を創出する清水港の玄関としての「観港まち」を提案する。

望月 綾乃
Ayano Mochizuki

東京理科大学
理工学部 建築学科
垣野研究室

［プログラム］
複合文化施設

［構想／制作］
12週間／3週間

［計画敷地］
静岡県静岡市清水港

［制作費用］
100,000円

［進路］
東京理科大学大学院

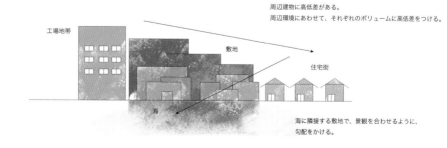

移動式塀

開口を開けることで、別のプログラムを掛け合わす。

塀がスラブになる。室内と半屋外空間

可動壁。ガラス引き戸の活用。

屋外にソファを出せばどこでもリビング化する！

商店　図書館　習い事教室　ゲストハウス　展示スペース

周辺建物に高低差がある。
周辺環境にあわせて、それぞれのボリュームに高低差をつける。

工場地帯　　敷地　　住宅街

海

海に隣接する敷地で、景観を合わせるように、勾配をかける。

まちいとを紡ぎ、
ひとぬのを織る
職住観光で結ばれ合う
新たな街への更新法

かつては地域住民で賑わう職住一体の風景美しい風景があった。時は移ろい、蔵の街が観光地として成熟し、住まい手、この地を訪れる人が変わり、街の風景は大きく変わった。私は住民、商人、観光客たちが独立しながらも、柔く交じりあう街づくりを提案する。この地「らしさ」を残しながらも持続可能な街へと再編し、そこで営まれる風景が、いつまでも人々を惹きつける、1つの物語である。

野辺 茜
Akane Nobe

東京理科大学
理工学部 建築学科
垣野研究室

- - - - - - - - - - - - - - - -

［プログラム］
商業施設、集合住宅

［構想／制作］
8週間／8週間

［計画敷地］
埼玉県川越市連雀町
川越名店街（昭和の街）、
大正浪漫夢通り

［制作費用］
70,000円

［進路］
就職

■ マスタープラン（GLレベル）

各住戸は趣味や仕事を
広げる場SOHO空間をもつ。

高齢者を低層、家族世帯をメゾネット
単身者を高層に配置

AA'断面図

奥の住戸やSOHOから店舗へ視線が抜ける
ことでみんなで切り盛りする意識をつくる

住まい手の構成が同じもの同士の間に共用スペースを設け、
無理なくシェアしたりコミュニティ形成できるようにする。

日替わり幼稚園。
～何が出るかはお楽しみ～

好奇心旺盛で出会ったさまざまなものと向き合いながら成長する子どもたち。決まりきった敷地ではなく、その時々で自由に居場所を選びながらその日の自然状況によって異なる体験を提供する幼稚園の提案。必要なものばかりを選択して効率よく生きてしまっている親や、自然という村の財産の価値を忘れてしまった村人たちにとっても、日常の外に広がる世界の楽しさを再確認させる機会となる。

山地 南帆
Namiho Yamaji

東京理科大学
理工学部 建築学科
垣野研究室

- - - - - - - - - - - - - - - -

[プログラム]
幼稚園

[構想／制作]
12週間／2週間

[計画敷地]
東京都檜原村

[制作費用]
60,000円

[進路]
東京理科大学大学院

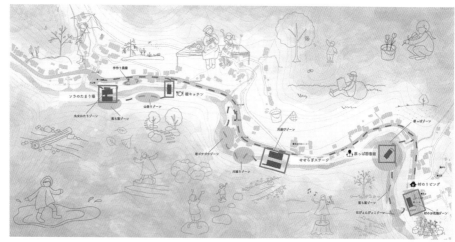

●敷地

東京都檜原村
　この村は、都心への人口流出により少子高齢化・過疎化が著しく進み、東京都内で過疎地に指定されている6つの地域（うち4つは離島にある地域）のうちの1つである。総面積の93％を林野（主にヒノキやスギ）が占めており、その大半が個人の所有物である。しかし、村の人の生活は1本の道路とその両サイドに住宅や商店が建つわずかな平地でのみ行われ、村の財産である川や山には背を向けてしまっている。これによって、村人の山への関心は低くなり、近年では相続したはいいもののどこからどこまでが自分の山だかわからなかったり手入れをせず放置されてしまっている。

●基本情報

全長	約1,100m
定員	30名
構成	年少クラス：10人
	年中クラス：10人
	年長クラス：10人
職員	10名＋村のボランティアさん
開演時間	9:00～16:00

●1週間スケジュール

月：クラスごとの活動日
火：村交流の日
水：オープン保育の日
木：クラスごとの活動日
金：みんなで学ぶ日
土・日：一般開放日

▼ある、ぽかぽかの春の日の年少クラスの1日。

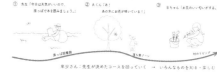

年少さん：先生が決めたコースを回っていく　→　いろんなものを知る・楽しむ

▼ある、晴れた夏の日の年中クラスの1日。

年中さん：先生が決めたゾーンの中で自由にやる　→　自分で考えてやってみる・自分を主体する

▼ある、大雨が降った次の日の年長クラスの1日。

年長さん：みんなで話し合って決める　→　みんなの中にいる自分を自覚する

●構成

	＜幼稚園の機能＞	＜取り込んだ村の自然＞	＜村の中での意味＞
村のリビング	職員室	マチ	ヒトの集まり
原っぱ図書室	図書室	原っぱ	古本回収
せせらぎステージ	ステージ	木と川のせせらぎ	スロープ
橋キッチン	調理室	川のおもかげ	昔の料理法
ソラのたまり場	遊び場	ソラ	井戸端会議

ソラのたまり場　遊び場 × ソラ × たまり場

村のリビング　職員室 × マチ × ヒトの集まり

橋キッチン　キッチン × 川のおもかげ × 昔の料理法

せせらぎステージ　ステージ × せせらぎ × スロープ

ぼさん
墓参とは故人のためではなく、残された人のためのものである。

水没予定地に、移転できない墓地がある。そこで、沈んでからも参拝できる建築を計画する。ダム湖の水位変化や季節の移り変わりにより、空間を構成する。365日さまざまな空間体験ができ、1年を通して2度同じ空間はない。住民は帰属性を持つことでルーツを保持する。同時に花を備えるという基本的な行為に+αすることで、集落の事切れを緩和し、10年単位での時間の経過が可視化される。

坂本 達哉
Tatsuya Sakamoto

東京理科大学
理工学部 建築学科
垣野研究室

［プログラム］
墓参施設

［構想／制作］
2ヶ月／2週間

［計画敷地］
秋田県由利本荘市
鳥海町百宅集落

［制作費用］
80,000円

［進路］
東京理科大学大学院

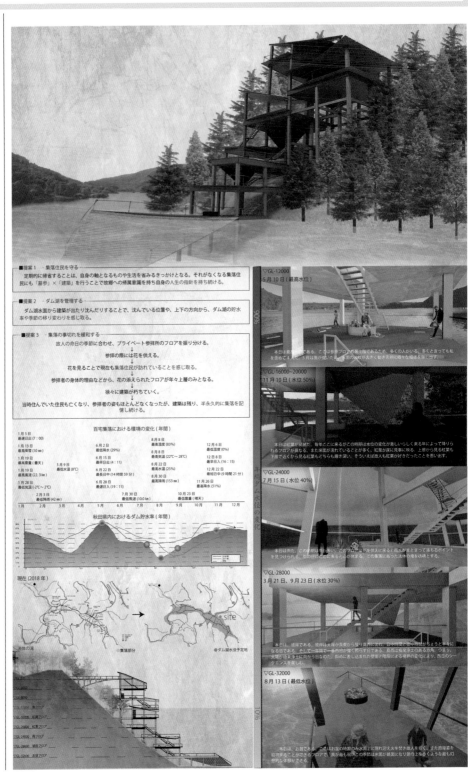

海祭礼讃
―漁業と祭りを中心とする まちの建築―

これは海とまち、人と神を結ぶ漁港であり祭りの舞台である。漁業と祭りを中心とするまちの建築の提案。私の地元の千葉県勝浦市、失われつつある漁師町の風景と人の温かみ、威勢のいい祭り唄をこれから衰退していくまちの未来に残す。

高梨 淳
Atsushi Takanashi

東京理科大学
理工学部 建築学科
伊藤香織・都市計画研究室

[プログラム]
漁港

[構想／制作]
3ヶ月／1週間

[計画敷地]
千葉県勝浦市勝浦漁港

[制作費用]
80,000円

[進路]
東京理科大学大学院

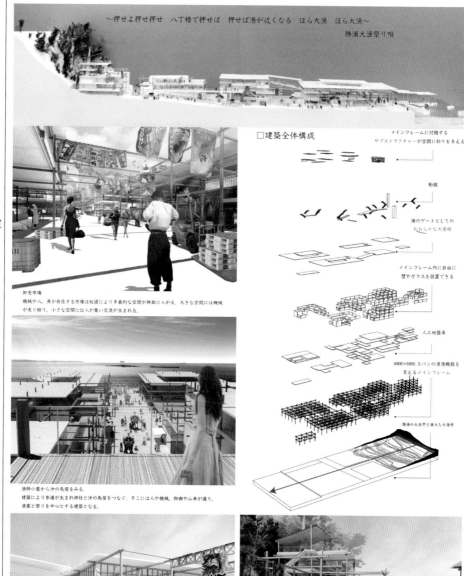

~押せよ押せ押せ 八丁櫓で押せば 押せば港が近くなる ほら大漁 ほら大漁~

勝浦大漁祭り唄

□建築全体構成

メインフレームに付随する
サブストラクチャーが空間に彩りを与える

動線

海のゲートとしての
おおらかな大屋根

メインフレーム内に自由に
壁やガラスを設置できる

人工地盤床

6900×6900 スパンの漁港機能を
支えるメインフレーム

勝浦の大自然と雄大な大海原

卸売市場
機械や人、魚が存在する市場は柱梁により多義的な空間が無数に入り込む。大きな空間には機械が走り回り、小さな空間には人が集い交流が生まれる。

漁師小屋から沖の鳥居をみる。
建築により参道が生まれ神社と沖の鳥居をつなぐ。そこには人や機械、御輿や山車が通り、漁業と祭りを中心とする建築となる。

祭りの大盛り上がり
祭りの舞台となる参道。市場内での暴れまわった御輿山車をつなぐ、山車がお帽子で出迎える。日常の漁港が祭りの日には一転し舞台となる。

漁師小屋
漁師たちの作業や休憩をする場。外部での作業をしやすいように柱や梁を多く残し、建築的余白を作ることで一人一人が空間をうまく使う。最上階からの海の景色は格別なものとなる。

無為は建築にとって有為か
―ビルディングタイプとしての データセンターを例に考察する―

本提案はデータセンターという設計表現が関与できる余地の少ない ビルディングタイプを通して、建築の置かれた状況を俯瞰しようと する試みである。あるいはまた、単なる論でもなく、単なる設計で もないアプローチから、新たな建築の展開を持つものである。

矢口 芳正
Yoshimasa Yaguchi

東京理科大学
工学部 建築学科
坂牛研究室

［プログラム］
都心型データセンタービ ルとそれに伴う見返り施 設

［構想／制作］
6週間／6週間

［計画敷地］
都心首都高高架沿いの 任意

［制作費用］
80,000円

［進路］
東京藝術大学大学院

・註1) 無為＝"行為的でない"

無為と虚無の関係

□D.C. について

・D.C. ビルに対する設計者の基本的な考え方
奇妙な建築としてのD.C.ビルの存在を一般的なビルの ように装うのではなく、その内実の実態をそのまま都 市の中で受け止めることが必要との観点で作品を位置 づけている。

・D.C. ビルのファサードの設計手法
…開口に関して
→D.C.ビルとして使用された際、一般の執務空 間や宿泊施設の客室と異なり開口の意味が居室 で求められるような環境条件にない。
その上で、以下の2点を前提とした。

1. 用途転換の可能性の考慮
/ 基準階開口を閉じ過ぎず開け過ぎないということ。

2. 同化させるということ
/D.C.であろうと、事務所であろうと、ホテルであ ろうと違和感を生まないこと。

□見返り施設について
…ハンギングバスケットやハンギングプラントを活 用した、グレーチングやパーゴラで構成された雨掛 がり空間の立体的な活用の提案。

・提案内容の全体像（プログラム）

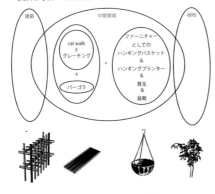

・見返り施設の非ランドスケープ性について

非ランドスケープ性
(ランドスケープを拡張的にとらえた、
新たな展開を考える。)

ランドスケープ →
(G.L.、人工地盤、屋上、壁面緑化)

非装飾性

□提案内容を通して最終的に考察されたこと：無為の重層性

D.C. × 見返り施設 × 設計行為の自動生成性という無為性 ＝ 有為
　　　　　　　 註2
(無為)　　　　(無為)

→「無為であるからこそ意味を考える契機たりうる」という意味での有為

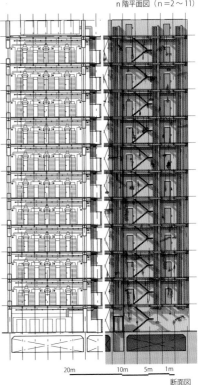

n階平面図（n＝2～11）

断面図

註2) 見返り施設自体は、迷惑施設に対して 例えば、清掃工場であれば温浴施設や温水プー ル体育館、トレーニングジム集会施設といった プログラムが一般には与えられるがこの提案で は見返り部分においても内部性を持たないプロ グラム性を定位しづらいものを提示している。

ペリオイコイ
―移民の軟禁と解放による半自由―

景観再生のために撤去が決定している日本橋上空の首都高高架。土木的スケールの構造物を、人間が利用できる建築的スケールに転換できないかと考えた。一方、日本で増加する「移民」は生活の中で差別などの精神的不自由を抱えている。巨大な構造物に移民を「軟禁」することで逆説的な「解放」を得るための提案。

柳沢 勇斗
Yuto Yanagisawa

東京理科大学
工学部 建築学科
坂牛研究室

[プログラム]
集合住宅

[構想／制作]
3週間／2週間

[計画敷地]
東京都中央区

[制作費用]
30,000円

[進路]
千葉大学大学院

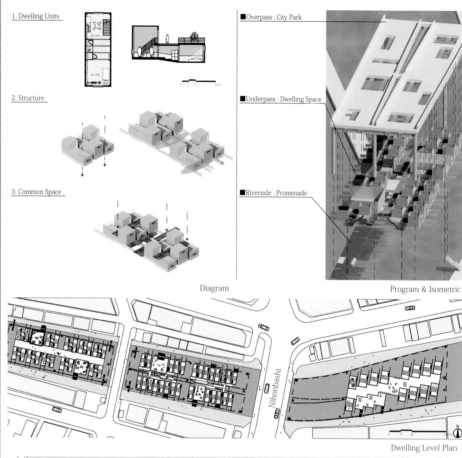

1. Dwelling Units

2. Structure

3. Common Space

Diagram

■Overpass : City Park

■Underpass : Dwelling Space

■Riverside : Promenade

Program & Isometric

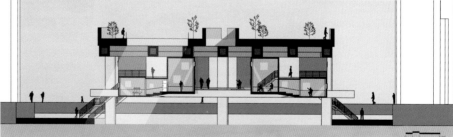

Nihonbashi

Dwelling Level Plan

East-West Section

水を彩る

近年水辺に開かれた場所が増えてきているが、遊歩道やカフェというように利用方法は限られている。川をきれいにし、環境を改善しながら建ち続ける水辺建築を提案する。
御茶ノ水の緑地に屋根をかけ、屋外音楽ホールを計画する。屋根を利用して暗く濁っている神田川に今ある生態系を残しながら少ない部分だけ手を加える。音楽ホールは水を、街を彩る。

比佐 彩美
Ayami Hisa

東京理科大学
工学部 建築学科
坂牛研究室

［プログラム］
公共施設

［構想／制作］
6週間／3週間

［計画敷地］
東京都千代田区
御茶ノ水

［制作費用］
30,000円

［進路］
東京理科大学大学院

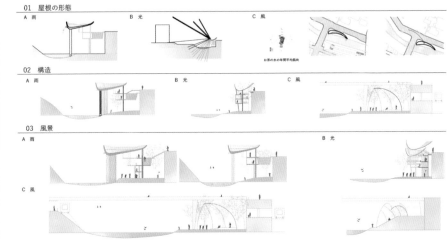

01 屋根の形態
A 雨　　　　B 光　　　　C 風

02 構造
A 雨　　　　B 光　　　　C 風

03 風景
A 雨　　　　B 光

C 風

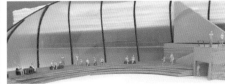

舟運の水端

人々がイメージするヨコハマ、それは"観光地"という横浜の"ある一面"でしかない。水辺をウラに追いやった横浜駅と急激な商業化。舟運は水辺を開き、ウラ空間が広がる横浜駅西口の商業と、ヨコハマの観光を繋ぎ、インナーハーバー全体を繋ぐ。その水端、つまりはじまりとなる建築を提案する。

丸山 峰寛
Minehiro Maruyama

東京理科大学
工学部 建築学科
栢木研究室

［プログラム］
舟運のターミナル施設
商業施設
広場

［構想／制作］
7週間／3週間

［計画敷地］
神奈川県横浜市西区
北幸1丁目

［制作費用］
50,000円

［進路］
東京理科大学大学院

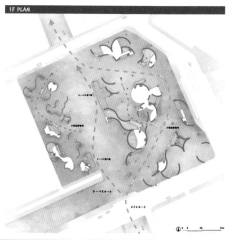

1F PLAN

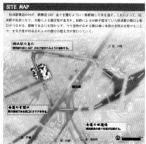

CONCEPT

SITE MAP

PROPOSAL MAP

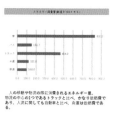

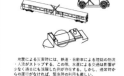

無秩序が生む秩序
新たな風景が現れる京島再生計画

墨田区京島の一画を対象とする。下町の風景が残る場所だが、再開発の波がどんどん街並みを壊している。そこで京島から得た空間性や個の欲を継承し、再開発に抗うべく新たな京島の風景・暮らし方を提案する。

田島 佑一朗
Yuichiro Tajima

東京理科大学
工学部 建築学科
郷田研究室

［プログラム］
住宅

［構想／制作］
5週間／3週間

［計画敷地］
東京都墨田区京島

［制作費用］
100,000円

［進路］
東京理科大学大学院

1F PLAN

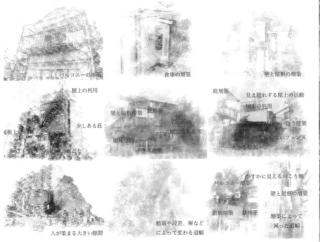

Elements of architecture
─多様さを許容する建築 ─

多様な都市や人、モノ、コトに対して許容のある空間とはさまざまな秩序（他者）がフラットに存在する空間なのではないか。本設計では建築を構成するエレメントに着目し、多様な秩序（他者）として挿入することで、あらゆる多様さを許容する建築空間を目指した。

廣田 雄磨
Yuma Hirota

東京理科大学
工学部 建築学科
熊谷研究室

［プログラム］
Shop
Stage
Cafe

［構想／制作］
2ヶ月／1〜2週間

［計画敷地］
下北沢

［制作費用］
約70,000円

［進路］
東京理科大学大学院

まちなか湯治

現代の社会人は、長時間労働による睡眠・運動不足や引きこもりによる孤立化など、現代人ならではの問題を抱えている。
そこで、そのような社会人の休息の場所を提案しようと思い、地方の湯治の文化に注目した。この湯治と、勤労者を掛け合わせ、都市の湯治場の在り方を考える。
まちは、新たな魅力を得て、勤労者を受け入れてゆく。

髙橋 めぐみ
Megumi Takahashi

千葉大学
工学部 建築学科
上野研究室

［プログラム］
複合施設

［構想／制作］
2ヶ月／3週間

［計画敷地］
東京都豊島区巣鴨

［制作費用］
140,000円

［進路］
千葉大学大学院

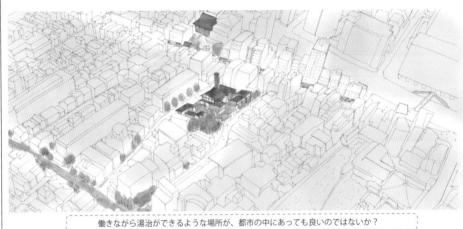

働きながら湯治ができるような場所が、都市の中にあっても良いのではないか？

まち単位での「都市の湯治施設」の在り方、並びにその拠点施設（湯治施設＆居住施設）を提案する。

■まちなか湯治のシーン

■湯治拠点

I, 各軸とのつながりをつくる　II, 脱衣所空間の引き延ばし　みんなが集えるリビングのような空間

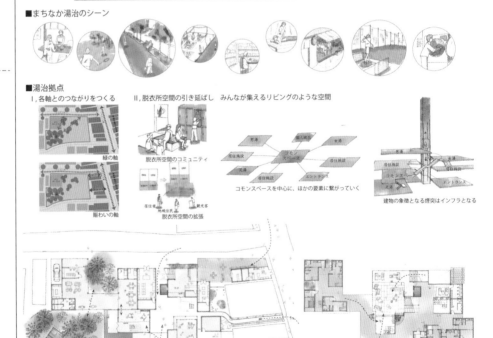

小さな沈黙、繙く支度

平成8年に小さな小国が外の世界と繋がることを許された。
小国は古来、らい病隔離所とされたハンセン病の療養所である。現在、隔離政策は廃止されたものの何か見えない壁により其処は人知れず滅亡を迎えようとしていた。今を生きる人に歴史を継承しながら、また動的な保存方法を行っていく。

西條 杏美
Ammi Saijo

千葉大学
工学部 建築学科
岡田研究室

[プログラム]
複合施設

[構想／制作]
8週間／3週間

[計画敷地]
青森県青森市

[制作費用]
120,000円

[進路]
東京藝術大学大学院

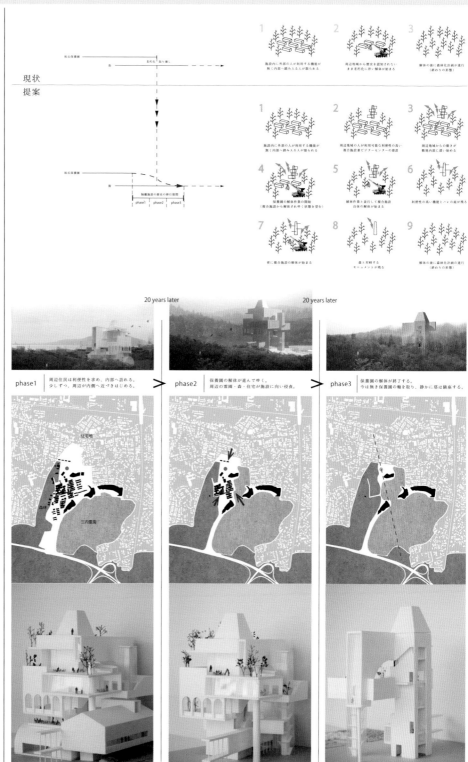

再起
海苔を媒体とした循環型社会の構築

かつて東海道第一の宿場町として栄えた品川宿。周辺の都市開発の煽りを受け、衰退の一途を辿るこの町においてかつての一大産業である海苔産業を復活する。また産業の新たな形としてこの海苔を媒体とした町ぐるみの生産〜廃棄のサイクルを構築していく。そのための装置としての建築の提案をする。

勝又 俊哉
Toshiya Katsumata

千葉大学
工学部 建築学科
中山研究室

- - - - - - - - - - - - - -

[プログラム]
・リノベーション
・地域再生

[構想／制作]
2ヶ月／1ヶ月

[計画敷地]
東京都品川区北品川

[制作費用]
150,000円

[進路]
千葉大学大学院

〜自分たちの手から始まる〜
古民家等の空き家を海苔の生産工場へとリノベーション。水質浄化も始まり、シンボルとなる櫓も表出する。

〜産業が成長したころ新たな軸を挿入〜
産業が成長したころに無駄になったはたき海苔が堆肥へ。町で生まれる廃棄物も堆肥や発電に利用。

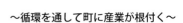

〜加工・消費・廃棄そして生産へ〜
水質浄化が完了し、ついに生産へ。同時に過程で生まれた堆肥が還元される場としてアーケードの創出。海苔の競りも町に表出し、生産〜廃棄のサイクルが完成した。

〜循環を通して町に産業が根付く〜
生産から廃棄、そしてまた生産というサイクルを海苔を媒体に構成していく。町に海苔産業が根付き再び町に活気を与える。

マリンピアお台場
〜 親水水族館 〜

近年における情報社会の発展は凄まじく、年々取り扱う情報量は増えているが、体験施設の数に対して、情報量が釣り合っていないと私たちは考えた。そこで今回体験を増やすといった体験施設を計画した。情報と体験、これらテーマが最も色濃く出ている土地としてお台場を選定した。コンセプトである、情報に対して体験が釣り合う、そのような水族館を計画した。

橋本 淳平
Junpei Hashimoto

渡邉 拓真
Takuma Watanabe

青山製図専門学校
建築学部 建築工学科

[プログラム]
水族館

[構想／制作]
16週間／6週間

[計画敷地]
東京都江東区
青海2丁目8

[制作費用]
20,000円

[進路]
青山製図専門学校
建築設計研究科

大水槽を中心とし、海中へ潜水していく体験ができる構成とし、足元の水盤や各所に配置した水柱により水との親和性を高める。また海上に建設していることもあり、現在の海中を展示することにより建物自体と計画地の親和性を高めた。

本館
5F レストラン・ミュージアムショップ
4F 管理系統
3F エントランス・Dive Beach
2F ショープール・Dive sea・Dive River
1F Dive sea・プール・体験エリア
BF Dive Depths・DAIBA SEE

別館
3F アザラシ水槽・ペンギン
2F アザラシ水槽・ラッコ
1F アザラシ水槽・水中ホール

つくば市クラフトセンター

少子化により廃校となった上郷高校で集合住宅として再利用するコンバージョン計画を行った。敷地はつくば市上郷にある上郷高校。つくば市ではものづくりが盛んであるのに対し、後継者不足の背景があった。そこで伝統工芸の魅力を発信する文化施設を複合する。ここで工芸品の魅力を伝えるのはもちろん、これからのものづくりに対する考えや、新しい伝統工芸も発信していくのが目的である。

小林 卓巳
Takumi Kobayashi

青山製図専門学校
建築学部
住宅設計デザイン科

[プログラム]
集合住宅+ものづくり施設

[構想／制作]
20週間／2週間

[計画敷地]
茨城県つくば市上郷
2494-3

[制作費用]
5,000円

[進路]
ノムラプロダクツ

Zigzag　Cracking　Uneven

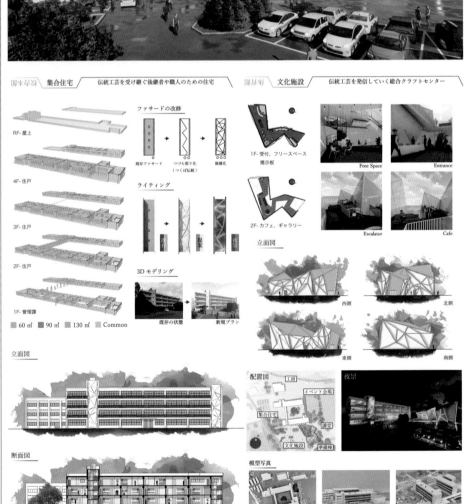

集合住宅　｜　伝統工芸を受け継ぐ後継者や職人のための住宅

RF-屋上
4F-住戸
3F-住戸
2F-住戸
1F-管理課

■ 60㎡　■ 90㎡　■ 130㎡　■ Common

ファサードの改修

既存ファサード → つづり折り化（つくば伝統）→ 複雑化

ライティング

3Dモデリング

既存の状態　新規プラン

立面図

断面図

文化施設　｜　伝統工芸を発信していく総合クラフトセンター

1F-受付、フリースペース
掲示板

2F-カフェ、ギャラリー

Free Space　Entrance
Escalator　Cafe

立面図

西側　北側
東側　南側

配置図

夜景

模型写真

庭園水族館
― La forêt est la berceau de la vie. ―

「森を散策していると、彼らの"すみか"へ迷い込んだ――」
水泡や細胞の配列に見られる、ボロノイダイアグラムを採用することによって、有機的で複雑な立体構成を実現する。
水を伝って、きらきら光る。
動きが生まれて、風めぐる。
壁が無くなって、音にげる。

近藤 裕太
Yuta Kondo

青山製図専門学校
建築学部
建築設計デザイン科
建築デザインコース

[プログラム]
水族館

[構想／制作]
3ヶ月／2ヶ月

[計画敷地]
東京都立川市緑町3173
国営昭和記念公園
ふれあい広場

[制作費用]
約40,000円

[進路]
青山製図専門学校
建築学部
建築設計研究科

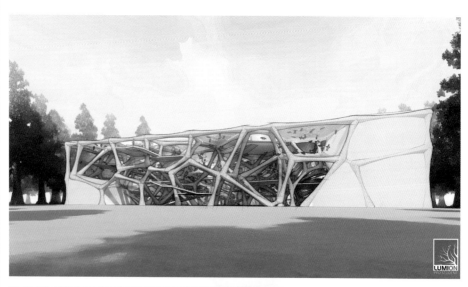

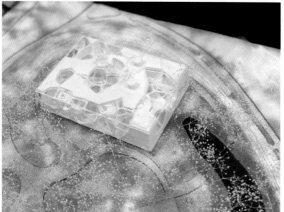

東京都立川市をはじめとする東京都西部の多摩地域には、多摩川の生みだす豊かな水資源がある一方、流域を離れるほど、水の恩恵が感じられない。

本計画は「緑の回復と人間性の向上」をテーマとする国営昭和記念公園を計画地に定めることにより、公園に新たな憩いの親水空間を提供するとともに、多摩地域で唯一の【内陸型水族館】を計画しようという試みである。

水から遠い内陸にあること。立川飛行場をはじめ空との繋がりがあること。庭園建築という特殊な環境にあること。
以上から、「水影」「微風」「静音」という3つのエレメントをテーマとする【水の彫刻】を庭園に飾りたいと考えた。

Plan - 1st Floor 1/300 (+2,800mm)

1 : Stage "A"
2 : Children's Stage "A"
3 : Saltwater Tank

Plan - Rooftop 1/300 (+14,700mm)

1 : Stage "E" (+12,500mm)
2 : Rooftop Garden
3 : Penguin's Garden
4 : Saltwater Tank
5 : See-throughd Elevator
6 : Backyard
7 : Reserve Tank

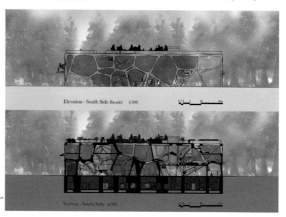

Elevation - South Side (facade) 1/300

Section - South Side 1/300

群像再建
―全体性を超える個の集合体―

都市を構成する建物は一つとして単独で存在することはできない。構成する部分として、絶えず相互影響しながらその形を定着させていく。しかしそれは地図上で描く事のできない豊かさを内包したマチの姿であり、建築のカタチではないだろうか。「切断」ではなく「蓄積」として。街の中に滞留している履歴を切断してしまうのではなく、蓄積していく事。本来描かれるべきマチの姿を描く。

灰野 大樹
Hiroki Haino

明治大学
理工学部 建築学科
都市計画研究室

［プログラム］
集合住宅

［構想／制作］
16週間／4週間

［計画敷地］
東京都新宿区荒木町

［制作費用］
70,000円

［進路］
明治大学大学院

Scene 1　既存の路地に対し多様な構えが蓄積していく

Scene 3　隣り合う開口に生じた高低差の履歴

Scene 5　踏み固められる事でマチに定着した余白の空間

様々な履歴を蓄積し、変化していく群れは、個の集合として全体性を超えて立ち現れる。歪つにも描かれるその群れは、豊かさを内包したマチの姿であり、建築のカタチである。

Scene 2　歪んだ形の空地は住人達によって彩られる

Scene 4　揺さぶられていく既存境界面

Scene 6　場当たり的な縫合により変化する空間

共鳴する輪郭
──断片の振動から 都市の変遷を描く

都市に線を引くことで生まれる変化に対し、建築の今後の応答の仕方を時間軸を持った計画として描いた。従来のトップダウン的で急進的な再開発ではなく、ボトムアップ的かつ漸進的に建築同士の関係性を構築することで、新たな巨大な通りに面する建築として徐々に適応していく。この建築は微細に都市のエネルギーによって「振動」し、通りを介して「共鳴」し、成熟した都市を担う存在となる。

内田 俊太
Syunta Uchida

明治大学
理工学部 建築学科
都市計画研究室

［プログラム］
業務施設

［構想／制作］
20週間／8週間

［計画敷地］
東京都港区
環状2号線地上部

［制作費用］
60,000円

［進路］
明治大学大学院

崩成する領域
蠢き輻湊するモノたち

溝の口西口商店街では店のモノが道路にはみ出し、本来とは異なる用途に転用され、貸し借りが日常的に行われる。このモノの意味が揺らぎ続ける街に移動販売者(=mobile)の介入により特異なふるまいが拡張・継承した未来を描く。mobileが床や机として見なされ建築化しながら、①商店街の商いを出来事的に補填する②様々なmobile介入による常に空間が微細に変わり続けることを目指す。

大野　竜
Ryu Ohno

明治大学
理工学部 建築学科
建築史・建築論研究室

- - - - - - - - - - - - - - - - - -

[プログラム]
移動販売者のための
拠点

[構想／制作]
2ヶ月半／5週間

[計画敷地]
神奈川県川崎市高津区
溝の口西口商店街

[制作費用]
70,000円

[進路]
明治大学大学院

歪に形成された地形の商店街の各店舗はそれぞれが目の前の道に対して正面を向くように構えたため、店同士に隙間や裏部分が形成された

mobile や人が利用する空間を構成していくと、隙間や裏部分を塞ぐようにできた壁や板などの街の垂直面は間引かれ、床や机などの街の水平面が豊富化していくことが考えられる。
また各店舗では多様なデザインの床面が展開されている。
それぞれを分析した結果、用途や整備された年代によって分けられ、新しく豊富化する水平面に対しても適応させていく。

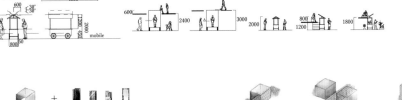

ある側面を取り入れることにより変質する

想定する未来の生活景
mobile がモノとして転用し建築化されていく。
時間や時期によって様々な mobile が介入することによって、①商店街としての商いを出来事的に補填する ②常に空間が微細に変わり続けることを目指す。

シナガワトウダイ
品川の個性を照らす建築

国際都市に向けて更新の時を迎えようとしている品川に今一度、21世紀の燈台が建ち上がる。このシナガワトウダイは品川に散りばめられた個性を照らす。シナガワトウダイは品川を象徴し、未来への道標となる。

砂田 政和
Masakazu Sunada

東海大学
工学部 建築学科
杉本研究室

[プログラム]
観光施設

[構想／制作]
10週間／5週間

[計画敷地]
東京都品川区北品川

[制作費用]
50,000円

[進路]
ゼネコン

企画展示

レストラン

和室
館長室
貸しスペース
ギャラリー大階段

ラウンジ
海苔づくり体験コーナー
ワークショップ
託児室

ホール

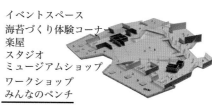

イベントスペース
海苔づくり体験コーナー
楽屋
スタジオ
ミュージアムショップ
ワークショップ
みんなのベンチ

屋根部

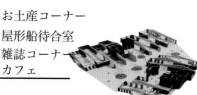

お土産コーナー
屋形船待合室
雑誌コーナー
カフェ

あしもとを耕すこと
2つの地に足をつける農民たちの建築

1つの場所で暮らすことに疑問を持った私。そこで出会ったのが2つの拠点をもつ暮らし方だった。しかし、この暮らし方は気軽にはじめられないことが現状だ。そこで私は房総半島のど真ん中に、二拠点居住者が集まりいろいろなものをシェアして暮らす日常を綴るための場所を提案する。ここには新たな暮らしを求める農民たちと地域に寄り添う建築がある。

丹羽 彩香
Ayaka Niwa

工学院大学
建築学部
建築デザイン学科
冨永研究室

- - - - - - - - - - - - - - - -

［プログラム］
二拠点居住支援施設

［構想／制作］
4ヶ月／3週間

［計画敷地］
千葉県市原市
上総川間駅周辺

［制作費用］
50,000円

［進路］
建築設計事務所

Design diagram

コアを配置する　　　フレームでつなぐ　　　中間部（ノラ）をつくる

コア・フレーム・中間部によって内→外への空間の変化をつくる。このことで、様々な居場所をつくり出すことができ住人たちがそのときの気分によって過ごす場所を自ら選ぶことが可能になる。

個人の暮らしはシンプルだが、その代わりに様々なものをシェアする。これは二拠点居住者が集まることでできること。

小湊鉄道の車窓から見える人々の活動。

マルシェが開かれていない時は地域の人の休憩場所に。

暮らしの場に寄り添う農民たちの畑。

この場所で育てられた作物をその場で食す。

読書部屋からは畑・棚田・里山の風景を楽しめる。

1階にセミパブリックな土間をもつ農民のすみか。

記憶形
点描変転設計手法論

記憶の建築化を目指して。

中田 智徳
Tomonori Nakada

工学院大学
建築学部
建築デザイン学科
木下研究室

［プログラム］
なし

［構想／制作］
4ヶ月／1ヶ月

［計画敷地］
なし

［制作費用］
80,000円

［進路］
工学院大学大学院

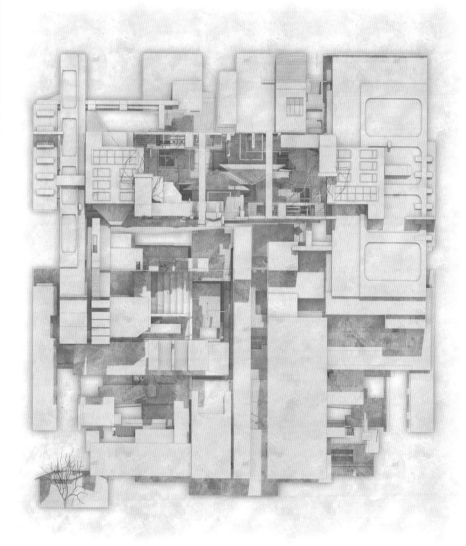

職と暮らしが滲み出るまち
―領域を横断する立体的な外部空間 ―

都市の間、まちを繋ぐ外部空間の在り方を考える。公私の領域を横断する立体的な外部空間を中心とした複合住宅を提案することで、そこで生活する人々のふるまいや職住近接の暮らしにおけるさまざまな交流が表出する。その場にとどまらず隣家や都市の更新に影響することで、にぎわいのある豊かな街並みが形成される。

杉本 萌
Moe Sugimoto

昭和女子大学
生活科学部
環境デザイン学科
杉浦研究室

この地域では昔から職住一体として製造業を営む町工場とその住宅のほか、様々な商いと暮らしが一緒に行われていた様子が多く残る。住・工・商の共存が成り立っていた密集地域である。ものづくりのまちである魅力を引き出し、職住近接の暮らしを外部空間を中心とした建築によってつくる。閉鎖的であった今までの職住一体の空間に、住む人働く人以外の第三者も受け入れるまちに開かれた場を取り込む。立体的な外部空間によって、上部まで緩やかにまちの要素を建築内にも引き込んでいく。

街に閉じた建築　　　まちに開かれた場を取り込む　　　混在したまちのような建築

職住一体の暮らし　　　まちを引き込む　　　様々なふるまいが滲み出る暮らし

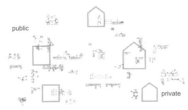

public / private

道、広場、路地、ベランダやバルコニーなどといった外部空間を開かれた場とし、それらを中心に建築を作ることによって、人々の暮らしやふるまいがまちに現れる。公共度の高い外部空間から個人が持つ私有の外部空間まで立体的に連続して構成することにより、繋がりを持ちつつも、それぞれでの活動が担保される空間となり、様々なふるまいが滲み出る。

[プログラム]
複合住宅

[構想／制作]
9週間／6週間

[計画敷地]
東京都墨田区向島1丁目

道沿いの角地に点在して建つ5棟の建築は、通りがかった人々を引き込むように大きく抜けたヴォイドと上階へと導く階段が配置されている。都市に多くの路地がみられるように、この建築のなかにも、高さや道の幅が様々に変化する路地性を持つ空間と、大きさや内外を連続するような場を持つ空間がある。窮屈に密集していた都市の中に少しずつ利用可能なヴォイドをつくることで、隣家や周辺との新しく活用できる空間が見直されることや都市を住みこなす暮らしぶりが広がっていくことを期待する。

[制作費用]
約30,000円

複合住宅として、5棟それぞれには異なるプログラムが設定されている。それぞれものづくりの場として働く場所、住宅や集合住宅の住む場所に+αとしてのまち空間を設定している（SITE-A：まちの家庭科室、ギャラリー、SITE-B：食堂、コモンランドリー、SITE-C：コーヒースタンド、ミーティングスペース、SITE-D：まちの工作室、バー、SITE-E：シェアキッチン）。それらは、相互にかつ周辺住民も含めて利用し、様々なふるまいが滲み出ることでその町にかかわる人たちの関係や環境を築いていく。

[進路]
法政大学大学院

ふるまいを読む

町の中を歩いていると、誰かのために置かれたイスやテーブル、回収しやすいように工夫されたゴミ袋など人の暮らしや感情を読み取れる風景を見つけることができる。そうした町の残余空間に散りばめられた風景こそこれから建築をつくっていく上で大切にしていく要素ではないだろうか。ふるまいが建築をつくり、人との関係性をつくり出す。

渡邊 悠夏
Yuka Watanabe

法政大学
デザイン工学部
建築学科
北山研究室

[プログラム]
地区センター

[構想／制作]
半年／2〜3週間

[計画敷地]
東京都武蔵野市御殿山

[制作費用]
30,000円

[進路]
法政大学大学院

敷地は東京都武蔵野市御殿山。この町の市民農園に農園に付属する御殿山地区センターを計画します。この町から風景をサンプリングし、「ふるまい」によって40のランゲージを作り、このランゲージを使って言葉を紡ぐように空間化する作業を行います。ふるまい要素を入れることで、地域のテクスチャーを含みこの町らしさが色づき人々から愛される空間を作ります。

例・道具置き場

物を置きたい、農園からすぐに取りに行ける、作業ができる

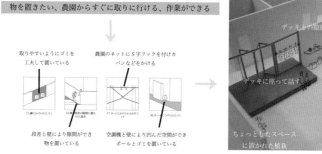

ランゲージを抽象的に表します。機能に欲しい要素を書き出し、それらを組み合わせていくことでキーランゲージのふるまいを中心に空間を作っていきます。

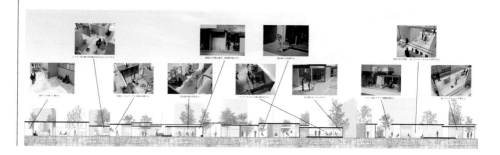

繋がる庭、境界を越えて住まう暮らし
～新たなオープンガーデンの在り方～

東京都小平市で行われているオープンガーデンは昨年11年目を迎えた。オープンガーデンとは個人住宅や施設の庭を一般に公開するものである。各庭をダイアグラム化し、これらを4つのグループに分類・分析すると、各グループで交流の広まり方に差はあったものの、全てのガーデンで交流があった。しかしその交流は1軒の点であり、面的広がりがないため、面的オープンガーデンを新たに提案する。

上野 優佳
Yuka Ueno

法政大学
デザイン工学部
建築学科
赤松研究室

［プログラム］
境界・住宅

［構想／制作］
10週間／4週間

［計画敷地］
東京都小平市
上水本町2丁目9

［制作費用］
17,000円

［進路］
法政大学大学院

右のマップは境界という些細な操作を行うことで領域は保ちつつも庭を繋げていくことで、一つの大きな庭を介して交流が生まれる様子を表している。また、家の一部を改修し住宅も少しずつ外に開くことで繋がった庭の交流のコアになるようにした。

上の写真は境界の操作を行った模型である。塀の高さの操作、植栽や花壇を置き共に手入れをする様子を表している。また、一部改修した住宅には人が集い、その近くでは繋がった庭を超えてきた人たちが塀に腰掛けて団欒している。少し手を入れたことで、少しずつ庭が繋がり、少しずつ暮らし方が変わっていく様子を表している。

右の図面はこの敷地の最大のコアになるシェアハウスである。現在使用されていないアパートの建て替えをここで行った。1階は気づいたら迷い込んでいるような、繋がった庭を歩いていたらそこで休憩していたような、偶然を引き起こすような土間を利用したパブリックな空間である。2階は完全プライベートでありながら段差を設けることで1階と緩やかに繋がっている。

100軒村の17の暮らし
歌川広重が描いた日常の再編計画

横浜市金沢区野島町、歌川広重の描いた浮世絵の地。一見浮世絵と変わらない風景に見えるが、道路＝車道となり暮らしの場であった人のための街路空間は失われ、広重が美しいと誇張表現して描いたかつての生活風景は消えてしまった。そこで、敷地内にパブリックなミチが通る共同住宅を計画し、自動車に奪われた歩行者空間を補完。敷地内通路のネットワークを広げ、現代の100軒村に再編集する。

西山 春凪
Haruna Nishiyama

法政大学
デザイン工学部
建築学科
渡邉研究室

［プログラム］
集合住宅

［構想／制作］
8週間／4週間

［計画敷地］
神奈川県横浜市
金沢区野島町

［制作費用］
20,000円

［進路］
法政大学大学院

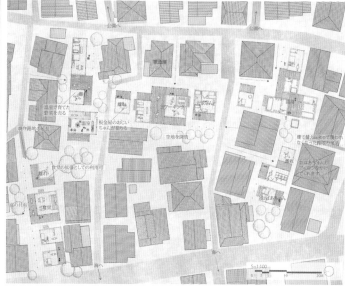

ミチの挿入

外部環境を取り込む暮らし

眺望の間

光が落ちる　　雨が落ちる　　風がぬける　　眺望

Home Address Terminal
―属性を越えて 相対し、許容し、集う―

現代社会において「住所」は社会的信用をもち、その人自身の存在証明にもなる。ホームレスをはじめとする「住居喪失者」はその「住所」を所有しないため、安定した雇用や住居の獲得が難しい現状がある。本制作では彼／彼女らへの支援では物質的な支援に加え、心理的抵抗感による偏見を軽減させ、人々の「相対化」をはかることで、許容し集える場を目指す。

米田 葉子
Yoko Yoneda

日本女子大学
家政学部 住居学科
宮研究室

［プログラム］
公共施設

［構想／制作］
12週間／6週間

［計画敷地］
東京都渋谷区千駄ヶ谷
5丁目24
新宿サザンテラス
イーストデッキ

［制作費用］
60,000円

［進路］
ディスプレイ業界

1

2

3

ホームレスかな？

住所という存在
＝「社会的信用」

ホームレス＝住居喪失者
本来の「権利」として「主張できる」状態の意味合いを失っている
ホームレス支援には、そうでない私たち「他者」との関わりが必要にもかかわらず、嫌悪される対象にある

人は状況やふるまいによって相手を判断・認識する
＝「ドラマツルギー」という社会観察手法
「ホームレス」を「ホームレス」に見えなくする提案を行う

荷物預かり場で荷物を預けた人々は、上層へ向かい、衣服を洗濯する。身軽になり相対化された人は最上層待合場で洗濯を待つ。同時に「ポスト」のある住居スペースには人が住まい、終電を逃した人や観光客は待合所で新宿の風景を感じながら時の経過を待つ。仮設且つ流動的な空間が、人々の自由なふるまいを促す。

相対化への提案
①荷物量の相対化：身のこなしへの操作

洗濯を通じた
衣服軽減化

②「家」に着目し、再分類を行う相対化：意識への操作

ホームレス　　　準ホームレス　　非ホームレス

帰る家がない　　　今日帰る家がない　帰る家がある

相対化

②駅―イーストデッキ間の距離性：人物輪郭をぼかす操作

JR新宿駅・バスタ新宿
ペンギン広場
100M
イーストデッキ

敷地選定　新宿駅イーストデッキ

ランドリースペース
パンチングウォール
一時荷物預かり
駅を望む

Co-inspiring欅
ノマドワーカのための
コワーキングスペース

コワーキングスペースといえば本来、利用者同士が交流を持ちながら働ける共働空間のことであるが、都内に点在する多くのコワーキングスペースには、個人間の仕切り・大量の個室・私語の禁止などの閉鎖的な空間づくりが見られた。そこで、コワーキングスペース本来の魅力である、人と情報の交わり、活気のある空間の実現を目指した。

村田
優人アンジェロ功一
Yuto Angelo Cuichi Murata

文化学園大学
造形学部
建築・インテリア学科
住生活デザイン研究室

[プログラム]
コワーキングスペース
ペデストリアンデッキ

[構想／制作]
3日／1週間

[計画敷地]
東京都渋谷区神宮前
5丁目-1
都道413号線上

[制作費用]
5,000円

[進路]
一級建築士事務所

移り変わる街の景色から、アイディアの種を捕まえる

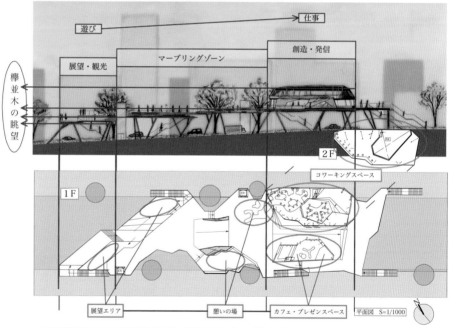

この建築は、表参道の道路上に建つ歩行者デッキとコワーキングスペースの融合物で、常に更新される景色や人々との邂逅といった沢山の偶然性、流れ込むアイディアの種から、着想を受け、新たな創造に繋げるための装置である。

デッキ上には、コワーキングスペースと対をなして建つスタンディングカフェ兼プレゼンテーションスペース、人々の憩う場、眼下の欅並木の眺望を楽しむための展望スペースがある。コワーキングスペース内外の境界は曖昧で、個別の席や閉鎖的な空間は設けていない。蟻の巣のような有機的な曲線で形成されたひとつの大きな机で皆が作業をし、状況に応じて、外側や内側を向いて、個人作業・集団作業を使い手がスイッチする。

マーブリングゾーンは、賑わう展望エリアと、仕事をするコワーキングスペースエリアの色が混ざり合う中間領域。展望や散策を目的に街から訪れた人々と、創作活動をする利用者が共に利用し、刺激と出会う

場所になっている。

表参道地区の都市計画にある「商業施設の発展と欅並木を活かした景観作り」に準拠し、ここで生まれる交わりが、煌びやかな周辺施設と賑わう人々を繋いで街を発展させることを期待する。

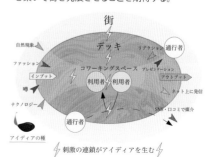

刺激の連鎖がアイディアを生む

RECLAIMEDLAND
≒
SHIP

河川と言えば陸に流れるものがイメージとして先行しがちだが、「埋立地」と呼ばれるものはどうだろうか？ 水辺の上に後からつくった陸地が乗っかっているだけのある意味仮設的な陸と捉えられるのではないだろうか。この考えを基に、川で分断されていた陸地ではなく、水辺に寄せ集まってできた船のような陸地と敷地を捉えた時、新たな水辺と陸のあり方があると考えた。

田原 花帆
Kaho Tahara

東京藝術大学
美術学部 建築科

［プログラム］
文化複合施設

［構想／制作］
4ヶ月／1ヶ月

［計画敷地］
東京都江東区木場

［制作費用］
70,000円

［進路］
東京藝術大学大学院

01設計手法
東京都江東区木場 古石場 越中島 塩浜1丁目 2丁目。5本の河川によって分割された5つの埋立地それぞれを同一の形態で切り取ります。それらを陸とも船とも取れる中間的な存在「陸ぶね」として再配置します。

02 日常 -陸の一部として-
陸ぶねは普段は図書スペースやランチルームなど個々の昨日の一部として存在します。

03 変化 -陸の存在から水の存在へ-
地域の祝祭やイベント時、陸ぶねは筋を解かれ杭を外されたくさんの人の手を借りて水の存在として動き始めます。
陸ぶねは、かつて賑わいに溢れていた東京の河川の姿を踏襲しつつ新たなカタチで河川と人との関わりを生み出す存在として街の一部になっていく事でしょう。

神秘なる邪魔者
竹建築辞書を用いた里山再興

前項各地で問題となっている放置竹林問題。日本において竹は邪魔者として扱われる。しかし、その成長スピードは他の建築材料にないポテンシャルである。竹の建築言語をまとめた竹建築辞書を作成し建材としての竹の使い方を提示する。それを用いて放置竹林問題に侵された里山の再興を計画する。日本では建設不可能な竹建築の未来に向けた一提案である。

原　良輔
Ryosuke Hara

九州大学
工学部 建築学科
末廣研究室

［プログラム］
登山道

［構想／制作］
3ヶ月／2週間

［計画敷地］
福岡県糸島市可也山

［制作費用］
100,000円

［進路］
九州大学大学院

── 竹建築辞書 ──

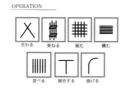

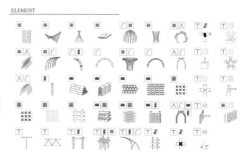

既存の竹の事例を分析し、3つの構成要素、7つの形態操作に分類した。それらの組み合わせによる44個の竹の建築言語を作成し、それらをまとめた竹建築辞書を用いて竹建築の設計を行う。

── 提案 ──

敷地：放置竹林問題を抱える里山
福岡県糸島市可也山北部に位置する親山地区

__竹に侵された森林、山離れの深刻化
かつて林業を生業としていたが、木材価格の低迷以降林業は衰退し山は放置状態となった。生命力の強い竹はどんどん繁殖し、竹に覆い尽くされた山は、子供たちが日常的に山で遊ぶ機会を失っている。将来的な森林管理の担い手を育てるという意味においても、山に入るきっかけづくりが必要である。

竹生産における川上から川下までの一連のプロセスを一体の建築として提案。

生産プロセスの挿入
登山道に竹の生産プロセスを重ね合わせる。
登山道は林業動線としても機能し、竹の伐採から運搬、製材、加工、販売までの生産プロセスに応じて竹建築辞書から引用した言語によって登山道の形態を展開させていく。

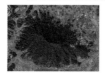

販売 ⇠ 運搬 ⇠ 製材 ⇠ 運搬 ⇠ 伐採

匿名のヘテロトピア

バーチャル化する郊外、均質化されたファスト風土。場所性がない、匿名のロードサイドに体験型の商業施設を計画する。体験空間としてさまざまな都市空間をコラージュして構成した。切り取られることで場所性を失った都市空間は本来の機能から解放、再解釈され、genericなロードサイドに積層される。この建築は匿名の街のヘテロトピアとして存在する。

荒木 俊輔
Shunsuke Araki

九州大学
工学部 建築学科
末廣研究室

［プログラム］
商業施設

［構想／制作］
3ヶ月／3週間

［計画敷地］
福岡県糟屋郡新宮町
中央駅前2-5

［制作費用］
50,000円

［進路］
九州大学大学院

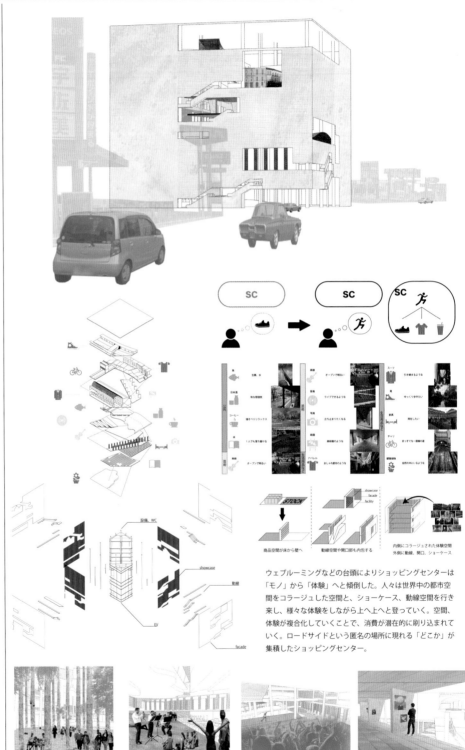

ウェブルーミングなどの台頭によりショッピングセンターは「モノ」から「体験」へと傾倒した。人々は世界中の都市空間をコラージュした空間と、ショーケース、動線空間を行き来し、様々な体験をしながら上へ上へと登っていく。空間、体験が複合化していくことで、消費が潜在的に刷り込まれていく。ロードサイドという匿名の場所に現れる「どこか」が集積したショッピングセンター。

読書行為が織りなす情景

今日の公共図書館は、図書の保管に加えて市民の憩いの場としても機能しているが、読書を嗜む空間として本当に正しいのか。人間は読書する際に自由な姿勢になるが、今日の図書館は家具によりそれを制限される。読書する姿勢の自由度に着目した図書閲覧空間を提案する。

二田水 宏次
Koji Nitamizu

九州大学
工学部 建築学科
志賀研究室

[プログラム]
公共施設

[構想／制作]
1ヶ月／1ヶ月

[計画敷地]
福岡県北九州市
八幡西区永犬丸

[制作費用]
60,000円

[進路]
九州大学大学院

01.Background

今日における公共図書館は、文献の保管のみではなく市民が集う憩いの場となり、「街のリビング」として機能している。しかし、本を嗜む空間としての図書館の空間づくりに疑問を抱く。人の本を読む行為は自由度が高いが、家具により制限される。本を読む場所としての空間づくりを必要と考える。

02.Design methodology

01.基本ボリュームを設定　　02.2500mmピッチで断面を作成　　03.シングルラインの断面から空間をスタディする

04.断面から平面のスラブの形態や吹き抜けを決定する　　05.各スラブの頂点を結び形態が決まる　　06.壁面の基本寸法を決定し、多様な組み合わせで空間を作る

03.Perspective

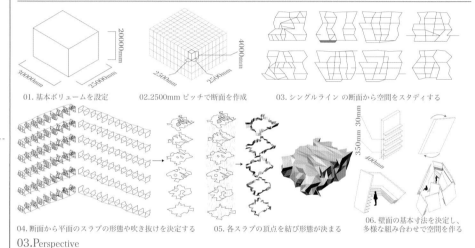

NOTATION OF SPACE EXPERIENCES

建築空間の移動に伴う視覚体験を新たに抽象化して記号化する、すなわちノーテーションを行うことで既存の空間的特性を明らかにするだけでなく、新たに建築を創造する際にも利用できると考える。既存建築の改修において理解と創造のツールとしてノーテーションを用いることでその有用性を示す。

安田 隆広
Takahiro Yasuda

信州大学
工学部 建築学科
寺内研究室

[プログラム]
図書館

[構想／制作]
4ヶ月／1ヶ月

[計画敷地]
長野県長野市箱清水

[制作費用]
30,000円

[進路]
信州大学大学院

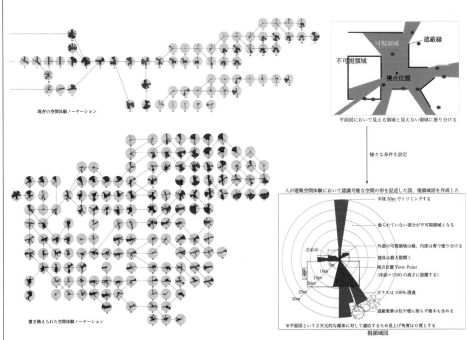

既存の空間体験ノーテーション

書き換えられた空間体験ノーテーション

平面図において見える領域と見えない領域に塗り分ける

様々な条件を設定

人が建築空間体験において認識可能な空間の形を記述した図、視領域図を作成した

半径30mでトリミングする

塗られていない部分が不可視領域となる

外部の可視領域は緑、内部は青で塗り分ける

建具は最大限開く

視点位置 View Point
（床面+1500の高さに設置する）

ガラスは100%透過

遮蔽要素は柱や壁に限らず樹木も含める

※平面図という2次元的な媒体に対して適応するため見上げ角度は0度とする

視領域図

新しいノーテーションというフィルターを通して創られた空間は豊かな視覚体験により多彩なシークエンスとシーンを生み出す

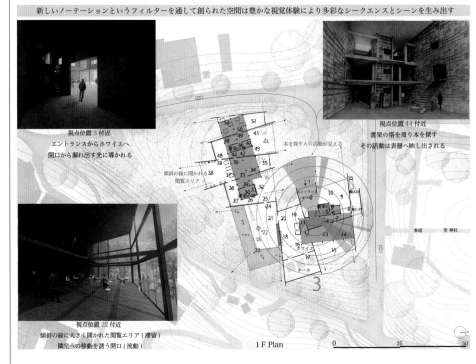

視点位置3 付近
エントランスからホワイエへ
開口から漏れ出す光に導かれる

視点位置44 付近
書架の塔を周り本を探す
その活動は表層へ映し出される

視点位置22 付近
傾斜の縁に大きく開かれた閲覧エリア(滞留)
隣室への移動を誘う開口(流動)

1 F Plan

0   25   50

レンガ巡るまち
日本煉瓦製造跡地活用計画

かつて東京駅や日本銀行などに使われる建築用レンガを製造していた日本煉瓦製造株式会社の跡地には、現在4体の遺構が残るのみとなっている。遺構のひとつであるホフマン輪窯6号窯を拠点に、この場所にレンガの製造を生業とするまちをつくる。レンガはまちを巡り人々の生活に寄り添う。

秋山 由季
Yuki Akiyama

信州大学
工学部 建築学科
寺内研究室

- - - - - - - - -

［プログラム］
公共施設／工場／住宅

［構想／制作］
15週間／10週間

［計画敷地］
埼玉県深谷市
日本煉瓦製造株式会社
跡地

［制作費用］
約50,000円

［進路］
信州大学大学院

工場稼働時には6本の煙突が並び、大量のレンガが工場内を埋め尽くしていた。
現在は6基あったホフマン輪窯のうちの6号窯と、旧事務所、旧変電室、備前渠鉄橋の4体の遺構が点在している。また、当時荷物の運搬はトロッコにより行われ、トロッコレールが敷地内に張り巡らされていた。

敷地全体を円環状に巡るレールを新たに敷き、レンガの製造施設を配置する。トロッコは原土小屋、素地成形室、乾燥室、焼成室を巡る。レンガの製造工程の施設を通ると、最後にギャラリー、ショップ、図書館などの機能をもつ複合施設にコンバージョンされたホフマン輪窯6号窯に辿り着く。ホフマン輪窯はまちの新たなシンボルとなり、このまちの風景は人々の心に刻まれ受け継がれてゆく。

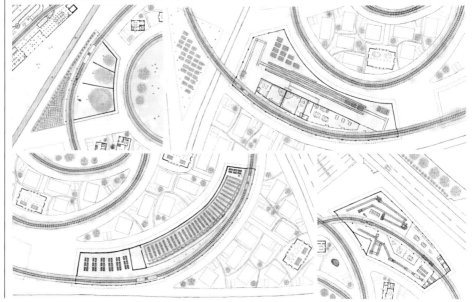

来し方行く末に
何を見ますか
～弁天横丁で紡がれる物語～

埼玉県川越市元町1丁目に、弁天横丁と呼ばれる戦後すぐまでは芸者で賑わっていた赤線地域のあった場所がある。
そこに残る建築物は廃れてなお魅力を持っている。その遺産を活かし店とまちの住人が共存する職住一体のエリアを形成することで、新しい世代で新しい文化をつくり、この地の歴史を紡ぎ、この場所に関わる全ての人の生活を彩っていくための提案である。

中野 翔太
Shota Nakano

京都工芸繊維大学
工芸科学部
デザイン・建築学課程
田原・笠原研究室

［プログラム］
職住一体居住エリア

［構想／制作］
15週間／6週間

［計画敷地］
埼玉県川越市元町1丁目

［制作費用］
50,000円

［進路］
京都工芸繊維大学
大学院

全体計画
a）弁天横丁にある歴史をもつ既存の建築を、店舗や職住一体の住居やここを通学路としている中学生のための場としてリノベーションを施しながら、川越の裏遺産ともいえる弁天横丁の町並みを継承していく。
b）中と外がシームレスに繋がり、中と外が同じように賑わっていくような新築の店舗兼住居（職住住居）・短期滞在型シェアスペース・シェアハウス・住居を建て、既存建築物との共存を図っていく。
c）建築の余白空間、みちにデッキとパーゴラを設けていき、様々な活動を生まれやすくし、みちのうえが店舗内と同じように賑わい、中と外の隔たりを消し、このエリアを一つの職住一体の住居にしていく。

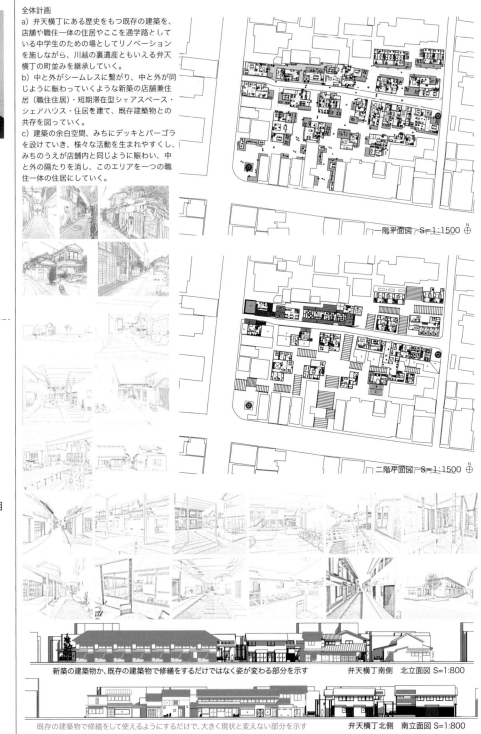

一階平面図　S=1:1500

二階平面図　S=1:1500

新築の建築物か、既存の建築物で修繕をするだけではなく姿が変わる部分を示す　　弁天横丁南側　北立面図 S=1:800

既存の建築物で修繕をして使えるようにするだけで、大きく現状と変えない部分を示す　　弁天横丁北側　南立面図 S=1:800

卒、19
SOTSUTEN
実行委員メンバー

代　表	中里翔太	日本大学 3年
副代表	江邨梨花	日本大学 3年
副代表・デザイン班長	槌田美鈴	日本大学 3年
広報班長	古田宏太	日本大学 3年
会場班長	樋口明浩	日本大学 3年
会計班長	増野亜美	日本大学 3年

Day 1

実行委員	長廻彩野	東京理科大学 3年	吉本有佑	芝浦工業大学 2年	深見真帆	昭和女子大学 3年
	吉本桃子	東京理科大学 3年	松村千裕	芝浦工業大学 2年	河野美咲	昭和女子大学 3年
	土肥慎平	国士舘大学 2年	加藤邦望	東洋大学 2年	小林篤央	工学院大学 2年
	石川政樹	国士舘大学 2年	石橋誠一	東洋大学 2年	山形隼平	工学院大学 2年
	東山悠空	国士舘大学 2年	中川晃都	日本大学 2年	谷嵜音花	明治大学 2年
	田嶋海一	国士舘大学 2年	酒本幸音	日本大学 2年	生島知紗	明治大学 2年
	須藤　瞳	国士舘大学 2年	小宮莉奈	日本大学 2年	三橋海里	明治大学 2年
	河野　歩	国士舘大学 1年	高橋真夜	日本大学 2年		

Day 2

学院は
の合格実績!

SOTSUTEN
卒、19
全国合同卒業設計展

発行日	2020年1月17日
編 著	「卒、19」実行委員会
発行人	岸 隆司
発行元	株式会社 総合資格
	〒163-0557　東京都新宿区西新宿1-26-2　新宿野村ビル22F
	TEL 03-3340-6714（出版局）
	株式会社 総合資格 ──────── http://www.sogoshikaku.co.jp
	総合資格学院 ──────── https://www.shikaku.co.jp
	総合資格学院 出版サイト ────http://www.shikaku-books.jp

編 集	株式会社 総合資格　出版局（金城夏水）
デザイン・DTP	株式会社 総合資格　出版局（三宅 崇）
印 刷	シナノ書籍印刷 株式会社